Youssef El Merabet

Segmentation d'images couleur par LPE et fusion de régions

Youssef El Merabet

Segmentation d'images couleur par LPE et fusion de régions

Segmentation de toitures dans les orthophotoplans

Presses Académiques Francophones

Impressum / Mentions légales
Bibliografische Information der Deutschen Nationalbibliothek: Die Deutsche Nationalbibliothek verzeichnet diese Publikation in der Deutschen Nationalbibliografie; detaillierte bibliografische Daten sind im Internet über http://dnb.d-nb.de abrufbar.

Alle in diesem Buch genannten Marken und Produktnamen unterliegen warenzeichen-, marken- oder patentrechtlichem Schutz bzw. sind Warenzeichen oder eingetragene Warenzeichen der jeweiligen Inhaber. Die Wiedergabe von Marken, Produktnamen, Gebrauchsnamen, Handelsnamen, Warenbezeichnungen u.s.w. in diesem Werk berechtigt auch ohne besondere Kennzeichnung nicht zu der Annahme, dass solche Namen im Sinne der Warenzeichen- und Markenschutzgesetzgebung als frei zu betrachten wären und daher von jedermann benutzt werden dürften.

Information bibliographique publiée par la Deutsche Nationalbibliothek: La Deutsche Nationalbibliothek inscrit cette publication à la Deutsche Nationalbibliografie; des données bibliographiques détaillées sont disponibles sur internet à l'adresse http://dnb.d-nb.de.

Toutes marques et noms de produits mentionnés dans ce livre demeurent sous la protection des marques, des marques déposées et des brevets, et sont des marques ou des marques déposées de leurs détenteurs respectifs. L'utilisation des marques, noms de produits, noms communs, noms commerciaux, descriptions de produits, etc, même sans qu'ils soient mentionnés de façon particulière dans ce livre ne signifie en aucune façon que ces noms peuvent être utilisés sans restriction à l'égard de la législation pour la protection des marques et des marques déposées et pourraient donc être utilisés par quiconque.

Coverbild / Photo de couverture: www.ingimage.com

Verlag / Editeur:
Presses Académiques Francophones
ist ein Imprint der / est une marque déposée de
OmniScriptum GmbH & Co. KG
Heinrich-Böcking-Str. 6-8, 66121 Saarbrücken, Deutschland / Allemagne
Email: info@presses-academiques.com

Herstellung: siehe letzte Seite /
Impression: voir la dernière page
ISBN: 978-3-8381-8931-4

Zugl. / Agréé par: Université de Technologie de Belfort-Montbéliard, Belfort, France, 2013

Copyright / Droit d'auteur © 2014 OmniScriptum GmbH & Co. KG
Alle Rechte vorbehalten. / Tous droits réservés. Saarbrücken 2014

Remerciements

E travail de recherche a été réalisé en co-tutelle entre le Laboratoire IRTES-SET (au sein du groupe EPAN) de l'Université de Technologie de Belfort-Montbéliard (France) et le Laboratoire LASTID de l'Université Ibn Tofail de Kenitra (Maroc). Ce travail de recherche a été financé par une allocation dans le cadre du programme Volubilis (projet AI MA/09/214).

Je remercie tout d'abord M. Denis Hamad, Professeur à l'Université du Littoral Côte d'Opale et M. Abdelmajid Badri Professeur à la Faculté des Sciences et Techniques de Mohammedia pour avoir gentiment accepté d'être rapporteurs de cette thèse et de participer à mon jury.

Je remercie également M. Rachid Oulad Haj Thami, Professeur à l'École Nationale Supérieure d'Informatique et d'Analyse des Systèmes de Rabat (Maroc) et M. Ahmed Hammouch, Professeur à l'Ecole Normale Supérieure de l'Enseignement Technique de Rabat (Maroc), pour avoir accepté de juger ce tavail et de participer au jury de thèse.

Je tiens à remercier M. Yassine Ruichek et M. Cyril Meurie , respectivement Professeur et Maître de Conférence à l'Université de Technologie de Belfort-Montbéliard (UTBM) pour m'avoir accueilli dans le groupe EPAN et m'avoir proposé ce sujet de thèse.

Je tiens à remercier ensuite M. Yassine Ruichek, Professeur à l'UTBM et M. Abderahmane Sbihi, Professeur à l'École Nationale des Sciences Appliquées de Tanger pour avoir dirigé mon doctorat et guidé mes recherches.

Je remercie Madame Raja Touahni, Professeur à FSK pour avoir coencadré cette thèse, avoir toujours été disponible, pour avoir effectué une relecture de la version préliminaire de ce manuscrit.

J'exprime toute ma gratitude à Cyril Meurie, Maître de Conférence à l'UTBM, puis chargé de recherche à l'IFSTTAR-LEOST pour avoir coencadré cette thèse. Ses conseils, critiques, encouragements et sa confiance m'ont permis de mener à bien ce travail de recherche. Il a été pour moi plus qu'un coencadrant de thèse et je tiens à le remercier profondément.

Je tiens à remercier Olivier Lamotte, ingénieur de recherche à l'UTBM pour avoir mis à disposition des orthophotoplans sur lesquels ce travail a été appliqué, et pour avoir accepté de participer à ce jury.

Mes remerciements vont également au programme Volubilis (projet AI MA/09/214) pour son soutien financier apporté dans le cadre de ces travaux.

Je remercie tous les membres du groupe EPAN du laboratoire IRTES-SET de l'UTBM et les membres du laboratoire LASTID de FSK pour leur sympathie et les moments de détente que j'ai pu partager.

Enfin, je remercie ma famille et mes amis pour m'avoir soutenu et supporté pendant ces années de thèse. Qu'ils trouvent ici l'expression de ma profonde reconnaissance.

Sommaire

1 Présentation générale : motivations, contexte et problématique   11

2 Qu'est ce que la télédétection ?   17
    2.1 Introduction 17
    2.2 Les images utilisées en télédétection 17
       2.2.1 Définition 17
       2.2.2 Acquisition des données de télédétection 19
       2.2.3 Les images satellites 20
       2.2.4 Les photographies aériennes 21
       2.2.5 Les différences entre les images aériennes et les images satellites   23
       2.2.6 De l'imagerie aérienne à l'orthophotographie 23
    2.3 Domaines d'applications 26
       2.3.1 L'information géographique recherchée ? 26
       2.3.2 Méthodologies d'analyse d'images de télédétection 26
       2.3.3 Une multitude d'applications 28
          2.3.3.1 Extraction des bâtiments 28
          2.3.3.2 Extraction des réseaux routiers 28
          2.3.3.3 Détection de dommages 29
          2.3.3.4 Autres applications 31
    2.4 Conclusion 32

3 Les méthodes de segmentation d'images couleur en régions   35
    3.1 Introduction 35
    3.2 Définition 36
    3.3 Méthodes de segmentation appliquées à la télédétection 37
       3.3.1 Statistical Region Merging (SRM) 37
       3.3.2 Efficient Graph-Based Image Segmentation (EGBIS) 38
       3.3.3 Mean-shift (MS) 40
       3.3.4 Color Structure Code CSC 42
       3.3.5 JSEG unsupervised segmentation 44

3.3.6 Ligne de Partage des Eaux (LPE) 46
 3.4 Conclusion 48

4 Simplification d'orthophotoplans par un couple invariant/gradient approprié 49
 4.1 Introduction 49
 4.2 Invariants colorimétriques 50
  4.2.1 Problématique 50
  4.2.2 Les différents invariants colorimétriques 51
   4.2.2.1 Espace RGB 51
   4.2.2.2 Normalisation de Greyworld 51
   4.2.2.3 RGB-Rang 52
   4.2.2.4 Normalisation Affine 52
   4.2.2.5 Espace Chromatique 53
   4.2.2.6 Normalisation Comprehensive 53
   4.2.2.7 Espace $c_1c_2c_3$ 54
   4.2.2.8 Espace $m_1m_2m_3$ 54
   4.2.2.9 Espace $l_1l_2l_3$ 55
   4.2.2.10 Attributs $l_4l_5l_6$ 55
   4.2.2.11 Attributs $c_4c_5c_6$ 55
   4.2.2.12 MaxRGB Normalization 56
   4.2.2.13 Maximum-intensity Normalization 56
   4.2.2.14 Attributs $C_RC_GC_B$ 56
   4.2.2.15 Colour constant colour indexing (CCCI) 57
   4.2.2.16 Attributs $m_4m_5m_6$ 57
   4.2.2.17 Norme L2 57
   4.2.2.18 Attributs $A_1A_2A_3$ 58
   4.2.2.19 Espace HSL 58
   4.2.2.20 Coordonnées réduites (Espace rg) 59
   4.2.2.21 Espace de couleurs opposées (o_1o_2) 59
   4.2.2.22 Attributs C_RC_G 59
   4.2.2.23 La Saturation (S) 59
   4.2.2.24 La Teinte (H) 60
   4.2.2.25 Log Hue 60
  4.2.3 Synthèse des différents invariants colorimétriques 60
 4.3 Méthodes de calcul de gradient 62

        4.3.1   Le gradient d'une image   62
        4.3.2   Méthodes de calcul du gradient niveaux de gris   63
                4.3.2.1   Filtres "simples" de détection de contours   63
                4.3.2.2   Filtres "optimaux" de détection de contours   64
        4.3.3   Méthodes de calcul du gradient couleur   66
                4.3.3.1   Approches scalaires   67
                4.3.3.2   Approches perceptuelles   69
                4.3.3.3   Approches vectorielles   72
  4.4   Simplification d'orthophotoplans par un couple invariant/gradient approprié   75
        4.4.1   Processus de sélection du couple invariant/gradient   75
        4.4.2   LPE-régions   75
        4.4.3   Evaluation de la segmentation   79
                4.4.3.1   Base d'images   79
                4.4.3.2   Méthode d'évaluation de la segmentation   79
        4.4.4   Choix du couple   82
  4.5   Conclusion   86

5 Segmentation par LPE-régions et par LPE-contours   89
  5.1   Introduction   89
  5.2   Approche LPE-régions   90
        5.2.1   Caractérisation des arêtes des toitures   90
                5.2.1.1   Extraction des frontières de l'image segmentée   91
                5.2.1.2   Squelettisation   91
                5.2.1.3   Extraction de points ou de segments   93
                5.2.1.4   Subdivision des segments   95
                5.2.1.5   Amélioration des segments   95
        5.2.2   Fusion de régions 100
                5.2.2.1   La sur-segmentation de l'image : quelques solutions 101
                5.2.2.2   Une approche basée sur le graphe d'adjacence de régions 104
                5.2.2.3   Prédicat de fusion de régions 104
  5.3   Approche LPE-contours 106
  5.4   Résultats de segmentation par LPE-régions / LPE-contours 109
        5.4.1   Comparaison LPE-régions sans/avec fusion 109
        5.4.2   Comparaison entre LPE-régions et LPE-contours 111
  5.5   Conclusions 113

6 Coopération LPE-régions et LPE-contours — 115
6.1 Introduction — 115
6.2 Les méthodes de segmentation coopératives — 115
6.2.1 Coopération séquentielle — 116
6.2.2 Coopération des résultats — 117
6.2.3 Coopération mutuelle — 118
6.2.4 Coopération hybride — 119
6.2.5 Discussions — 120
6.3 Méthode de segmentation coopérative LPE-régions et LPE-contours — 120
6.4 Evaluation des résultats globaux de segmentation — 123
6.5 Comparaison avec d'autres méthodes de segmentation de la littérature — 126
6.6 Conclusion — 133

7 Conclusion générale et perspectives — 137

8 Publications de l'auteur — 141

1

PRÉSENTATION GÉNÉRALE : MOTIVATIONS, CONTEXTE ET PROBLÉMATIQUE

LE traitement et l'analyse d'images ont commencé à être utilisés dans les années 1920 pour la transmission d'images. Ils ont connu un véritable essor avec l'arrivée de l'ordinateur dès les années 1960. Les premiers travaux d'analyse de scènes ont concerné l'extraction de primitives. Mais pour comprendre une image et par conséquent, analyser une scène, il est nécessaire de disposer de connaissances a priori sur les objets la constituant. Une question se pose alors : "comment caractériser ces objets que l'on souhaite reconnaître". En d'autres termes, comment décrire l'importante quantité d'informations contenues dans l'image pour pouvoir représenter celle-ci sous une forme plus condensée et facilement exploitable ? Est-ce possible par l'extraction des signatures et/ou des indices visuels discriminants de couleur, de texture ou de forme ? Les premiers modèles de segmentation voyant le jour, la qualité finale de l'interprétation de l'image est fortement conditionnée par le résultat obtenu en sortie de ces modèles.

La segmentation, qui est un traitement bas-niveau, est définie comme étant un processus de partitionnement de l'image en régions homogènes où chacune d'elles regroupe un ensemble de points présentant des propriétés communes. Nombreuses sont les méthodes de segmentation qui ont été proposées dans la littérature, mais deux grandes catégories peuvent être distinguées si l'on se place dans le cadre de la morphologie mathématique : les approches contours et les approches régions. La première catégorie regroupe les techniques qui détectent les changements rapides de contraste dans l'image. Ces techniques supposent généralement un modèle à priori des discontinuités recherchées et opèrent de manière très localisée. Elles présentent l'inconvénient d'être sensibles au bruit, ce qui conduit généralement à l'obtention de contours non fermés [Kermad 1998], [Liu 2012]. Quant à la deuxième catégorie, elle englobe les méthodes qui, selon un critère de similarité donné, consistent à regrouper les pixels connexes en régions distinctes. L'avantage de cette catégorie est qu'elle fournit une carte de régions fermées. Toutefois, la localisation des frontières des régions reste généralement peu précise [Fan 2001], [Kermad 2002], [Sebari 2007], [Liu 2012]. Ceci peut être justifié dans la plupart des cas par la difficulté de définir des critères et/ou des paramètres adaptés pour effectuer la fusion/division des régions ou l'agrégation des pixels [Bellet 1995], [Sebari 2009]. En effet, le réglage des paramètres, généralement fixés sur la base de plusieurs tests et des expérimentations sur les images étudiées, est un point délicat, commun à de nombreuses méthodes, surtout lorsque ces paramètres sont nombreux et sensibles. Cela nécessite en général un compromis entre bonne détection et bonne localisation.

Bien qu'il existe plus de 4000 algorithmes de segmentation d'images qui ont été développés durant ces 40 dernières années [Zhang 2006], les techniques restent généralement dépendantes :

- des spécificités de l'image à traiter : transitions floues entre les régions caractérisant l'image ; richesse en textures d'orientations et d'échelles différentes ; présence de contours occultés ; etc.
- du type d'indices visuels à extraire : régions uniformes ; contours ; textures ; points d'intérêt ; formes : segments de droite, angles, etc.
- de la nature du problème à résoudre en aval de la segmentation : contrôle de qualité ; suivi automatique d'objets ; reconstruction 3D ; reconnaissance de formes ; etc.

Ces remarques sont d'autant plus vraies lorsque ces méthodes de segmentation sont utilisées pour des applications spécifiques comme c'est le cas ici pour la segmentation de toitures à partir d'images aériennes riches en détails et contenant une grande variété de régions de nature uniforme et/ou texturée. L'intégration de plusieurs techniques dans une même stratégie semble donc être la meilleure voie à suivre. En effet, pour espérer une segmentation fiable et suffisamment corrélée avec les entités composant l'image, de nombreux travaux ont eu recours à la coopération de plusieurs méthodes et en particulier des deux catégories annoncées précédemment (approche contours et approche régions). Ceci permettrait d'exploiter les avantages de chacune des méthodes employées, palier leurs inconvénients lorsqu'elles sont utilisées indépendamment, et par conséquent améliorer la qualité de la segmentation finale. Dans ce contexte, plusieurs approches de segmentation d'images combinant les résultats issus de techniques différentes ont vu le jour ces dernières années [Muñoz 2003], [Wang 2006], [Sebari 2007], [Jayadevappa 2009].

Malheureusement, le choix de la méthode de segmentation à utiliser seule ou à combiner est fortement dépendant des particularités des images à traiter ainsi que de l'application considérée. La majorité des approches de segmentation ne sont pas adaptées pour les images bruitées telles que les images aériennes et satellitaires, qui s'avèrent être de surcroît de très hautes résolutions. C'est pourquoi, une grande variété de méthodes de segmentation d'images aériennes ont été développées et souvent combinées ces dernières années. La plupart de ces techniques consistent à détecter des objets d'intérêt tels que les routes [Anil 2010], [Volodymyr 2010], ou les bâtiments [Hazelhoff 2011], [Angiati 2011], etc. Bien que ces études aient été publiées dans le cadre de la segmentation d'images aériennes ou satellitaires et plus spécifiquement pour la détection/extraction de bâtiments, aucune d'entre elles ne portent sur la segmentation des toits de bâtiments. Néanmoins, la segmentation de toiture et l'extraction des éléments la constituant (pans de toitures, cheminées, fenêtres, chiens assis, etc.) jouent un rôle crucial dans le domaine de la génération automatique de bâtiments 3D.

En effet, l'utilisation de la modélisation 3D des villes est aujourd'hui très répandu dans de nombreux secteurs d'activité. Ces modèles sont utilisés par exemple dans le cadre d'études d'urbanisme ou d'architecture, pour la gestion des catastrophes naturelles comme des inondations par exemple, pour la simulation du trafic, de l'éclairage urbain, de la pollution sonore, ou encore pour la navigation urbaine, etc.

La génération de ces modèles 3D, qui se fait habituellement grâce à des outils manuels de modélisation tel que 3D Studio Max, tend de plus en plus à s'automatiser. Cette automatisation est devenue indispensable pour pouvoir prendre en compte des zones géographiques étendues tout en conservant un niveau de détail important et en assurant des délais de réalisation et des coûts acceptables.

Cette génération automatique peut s'appuyer sur plusieurs types de données. Certaines techniques de génération s'appuient sur des données issues de relevés type LIDAR terrestre ou aérien, comme le Modèle Numérique d'Elévation, d'autres sur des données de type RASTER comme des photos aériennes ou satellitaires. Qu'elle que soit la méthode choisie, un des points importants de cette génération est la modélisation du bâti. Cette étape de modélisation ne peut se faire qu'après avoir effectué une étape d'extraction des éléments principaux qui composent le bâti. Cette étape d'extraction doit commencer par la segmentation des données d'entrées, à savoir des images aériennes dans le cadre de nos travaux. C'est sur ce point précis que porte cette thèse, l'objectif étant de mettre en évidence de manière précise les principaux composants des toitures, y compris tous les éléments des super structures (cheminées, fenêtres de toit, etc.).

D'un point de vue général, les travaux présentés dans le cadre de cette thèse s'inscrivent dans une approche globale qui consiste à extraire à partir d'images aériennes, des informations relatives aux toitures de bâtiments. Ceci permettra, in fine, de pouvoir reconnaître une toiture par rapport à une base de connaissances et ainsi affiner/déformer des modèles 3D générés automatiquement à partir de données géographiques. Dans ce manuscrit, nous nous focalisons sur la mise en place d'une stratégie permettant d'obtenir une segmentation de toiture, mettant en évidence les principaux éléments la constituant de manière la plus précise possible. Pour ce faire, nous détaillons dans les chapitres 4, 5 et 6 les différentes étapes de notre méthode de segmentation par coopération LPE-régions/LPE-contours.

Chaîne de traitement

L'objectif fixé dans le cadre de cette thèse est le développement d'un système de segmentation des toitures en régions d'intérêt (pans, cheminées, fenêtres, chiens assis, etc.) à partir d'images aériennes (orthophotoplans). La particularité de ces images est qu'elles sont complexes et présentent une certaine hétérogénéité en termes d'illuminations, ombres, etc. Afin d'atteindre notre objectif, nous allons utiliser la chaîne de traitement traduite par la figure 1.1. L'approche de segmentation d'orthophotoplans proposée, se positionne dans la catégorie des méthodes de segmentation dites hybrides. On peut en effet espérer une meilleure qualité de segmentation en adaptant un ensemble de traitements aux données plutôt qu'en appliquant un seul outil général. Dans le cas où plusieurs méthodes sont adaptées à un type d'images, les différents résultats de segmentation, potentiellement corrects, sont fusionnés dans une seconde étape. Dans le cadre de cette thèse, la méthodologie adoptée consiste à intégrer deux techniques de segmentation basées sur l'algorithme de la Ligne de Partage des Eaux, mais considérant pour l'une, une approche régions (LPE-régions) et pour l'autre une approche contours (LPE-contours). Cette méthodologie est composée de trois étapes principales (faisant chacune l'objet d'un chapitre) présentées ci-après :

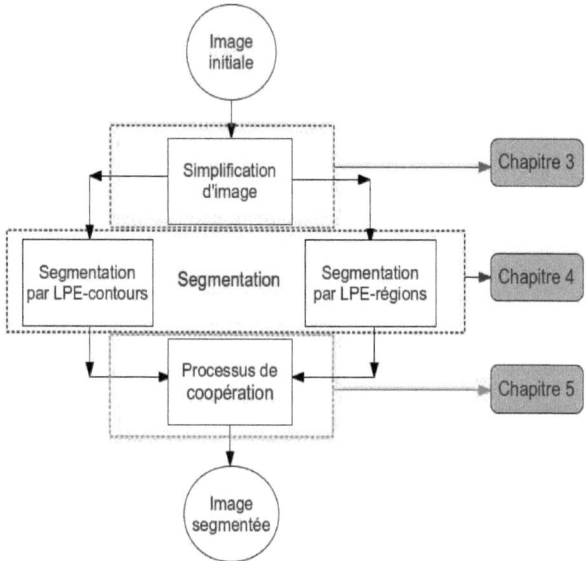

FIGURE 1.1 – Synopsis général de l'approche de segmentation d'orthophotoplan proposée.

1. Simplification d'image : Cette partie constitue une étape de pré-traitement qui consiste à simplifier l'image originale avec un couple invariant/gradient adapté et optimisé pour l'application. L'utilisation de ce couple invariant/gradient permet de limiter les artefacts affectant les orthophotoplans en les rendant invariants aux changements de luminosité, ombres, etc. Cette étape de simplification doit permettre une segmentation précise des différents éléments constituant la toiture (pans, cheminées, fenêtres, chiens assis, etc.).

2. Segmentation par LPE : Cette étape consiste en l'application de deux techniques de segmentation d'images par LPE totalement indépendantes et s'exécutant en parallèle. Dans une première phase, l'image simplifiée est partitionnée en régions par application d'une LPE-régions couplée à une stratégie efficace de fusion de régions. Le processus de fusion de régions intègre des critères fondés sur des grandeurs radiométriques et géométriques en relation avec les particularités des orthophotoplans traités. Les grandeurs radiométriques sont définies par la moyenne intérieure des régions et le contraste sur les frontières communes entre deux régions candidates à la fusion. Les grandeurs géométriques expriment la nature rectiligne des arêtes des toits des bâtiments pour laquelle une stratégie de caractérisation 2D est

proposée. Dans une deuxième phase exécutée en parallèle, l'image simplifiée est segmentée par une LPE-contours sans aucune étape de post-traitement.

3. Stratégie de coopération : Cette dernière étape consiste à intégrer les résultats issus des deux techniques de segmentation par LPE (LPE-régions et LPE-contours de l'étape précédente) dans un même schéma de segmentation. Le processus de coopération intègre le bénéfice de chaque méthode de segmentation pour aboutir à un résultat de segmentation qui soit nécessairement plus fidèle (mise en évidence de tous les éléments constituant la toiture à savoir les pans, cheminées, fenêtres, etc.).

Ces étapes sont décrites en détail et mises en application sur nos imagettes de toitures, chacune dans un chapitre correspondant.

Plan de la thèse

Après cette introduction décrivant la problématique, le contexte et la chaîne de traitement du travail proposé, nous présentons la structure du manuscrit qui se divise en cinq chapitres :

Dans le chapitre 2, nous commencerons par rappeler la notion de base de la télédétection et nous exposons les différents types de données de télédétection (images satellites, photographie aérienne, orthophotographie), leurs processus d'acquisition, caractéristiques, avantages et inconvénients. Nous donnerons par la suite quelques exemples d'applications des données de télédétection (extraction de bâtiments, réseaux routiers, détection de dommages, etc.).

Le chapitre 3 présente un état de l'art des différentes méthodes de segmentation d'images couleur. Nous insisterons davantage dans ce chapitre sur les méthodes de segmentation non supervisées les plus puissantes connues à ce jour. Quelques exemples d'applications de ces méthodes dans le domaine de télédétection seront également présentés. Les performances de ces méthodes et leur capacité à segmenter les toitures dans le cadre de notre application seront étudiées dans le dernier chapitre (cf.chapitre 6) de ce manuscrit.

Le chapitre 4 porte sur le choix d'un couple invariant/gradient approprié en vue de la simplification de toiture à segmenter avant de passer à l'étape de segmentation par LPE. Nous y présentons alors les différents invariants colorimétriques et principales méthodes de calcul de gradient (niveaux de gris et couleur) que nous pouvons rencontrer dans la littérature. Une stratégie de sélection du couple approprié sera présentée ainsi qu'une méthode d'évaluation de la segmentation. Cette dernière sera utilisée afin d'évaluer la qualité des segmentations produites lors du choix du couple invariant/gradient optimal et tout au long des étapes-clé de notre approche de segmentation proposée.

Le chapitre 5 se divise en deux parties présentant chacune une approche de segmentation par LPE (LPE-régions et LPE-contours) effectuée sur l'image préalablement simplifiée par le couple invariant/gradient optimisé dans le chapitre précédent. Dans la première partie, nous rappellerons le principe général de la LPE-régions composant de base de l'approche de segmentation d'orthophotoplan proposée. Nous présenterons ensuite une technique de fusion de régions intégrant des critères faisant intervenir des grandeurs géométriques et radiométriques basées, à l'instar de la plupart des méthodes de fusion existantes, sur les particularités des orthophotoplans traités. Une technique de caractérisation 2D des arêtes de toitures par des segments est proposée afin de calculer le critère basé sur les grandeurs géométriques. Cette technique comporte tout un ensemble d'étapes permettant de créer, améliorer et optimiser le modèle 2D de segments. Dans la seconde partie, nous rappellerons le principe général de la LPE-contours. Nous discutons ensuite l'apport de la LPE-contours pour pallier à certaine difficultés de la segmentation par LPE-régions. Une étude est menée pour optimiser le paramétrage guidant le processus de segmentation pour notre application.

Le chapitre 6 présentera un état de l'art des différents schémas possibles de segmentation par coopération régions-contours. Nous proposerons par la suite notre méthode de segmentation par coopération entre les deux techniques de segmentation par LPE présentées dans le chapitre précédent. Une étude comparative sera ensuite menée afin de comparer les performances de notre approche avec celles des principales méthodes de segmentation de la littérature.

Le chapitre 7 conclut le manuscrit et trace quelques perspectives pour le travail proposé.

2

QU'EST CE QUE LA TÉLÉDÉTECTION ?

2.1/ INTRODUCTION

L'EXTRACTION automatique de l'information à partir d'images aériennes et satellitaires est un domaine qui suscite beaucoup d'intérêt. En télédétection, l'analyse des données est d'une importance indéniable et intéresse de nombreuses communautés : publiques, environnementales, industrielles et aussi militaires. Il est question d'obtenir des informations sur des objets de la scène de manière automatique, rapide, robuste et fiable. Diverses approches dépendant des images disponibles et des informations à extraire peuvent être utilisées. La plupart des approches de traitement d'image dédiées à la télédétection intègrent la segmentation comme étape fondamentale dans le processus de traitement des images. En effet, de nombreux travaux de recherche rapportés dans la littérature visent à démontrer que la segmentation d'images joue un rôle crucial dans l'extraction et la caractérisation des régions d'intérêt dans les images aériennes et/ou satellitaires.

Le présent chapitre dresse une liste non exhaustive des différents types d'images utilisées en télédétection et les applications qui en découlent. Nous aborderons principalement la détection et l'extraction d'objets d'intérêt (objets cartographiques) tels que les réseaux routiers, bâtiments, végétation nécessaires à des nombreuses applications.

Le chapitre est organisé comme suit : Après avoir rappelé la définition de la télédétection et du processus d'acquisition des données, nous détaillons les différents types d'images utilisées en télédétection (satellites, aériennes, orthophotoplans). La deuxième section du chapitre aborde un état de l'art des différents domaines d'applications rencontrés.

2.2/ LES IMAGES UTILISÉES EN TÉLÉDÉTECTION

2.2.1/ DÉFINITION

Le terme "télédétection" traduit de l'anglais « remote sensing », se decompose en "télé" et "détection" signifiant respectivement «à distance» et «déceler» (ou «découvrir»). La télédétection concerne alors, la mesure ou l'acquisition d'informations sur un objet, une aire ou un phénomène en analysant des données acquises par un dispositif qui n'est pas en contact matériel avec celles-ci. La télédétection englobe tout le processus qui consiste à capter et à enregistrer l'énergie d'un rayonnement électromagnétique émis ou réfléchi, à traiter et à analyser l'information, pour ensuite mettre en application cette information (cf. figure 2.1). Elle peut être effectuée depuis une plate-forme aérienne (ballon ou avion), depuis un satellite, ou depuis n'importe quel type d'instrument permettant l'acquisition d'informations sur l'environnement. Le processus d'analyse des données de télédétection intègre généralement des traitements numériques mais peut tout aussi bien utiliser des méthodes non numériques.

En théorie, la télédétection est née de la fusion de deux inventions anciennes : la montgolfière et la photographie. En réalité, la télédétection moderne a fait son apparition aux Etats-Unis dans les années soixante, lorsque des capteurs nouveaux viennent compléter la traditionnelle photographie aérienne, qui a connu un essor considérable au cours du XX° siècle. Le lancement du satellite Spoutnik en 1957, constitue un vrai premier pas de la télédétection dans l'ère moderne. Nombreux sont les pays qui ont développé ensuite leurs propres programmes de télédétection comme par exemple les USA, le Canada, la France, l'ex-URSS puis la Russie, la Chine, le Japon ou encore l'Inde.

Aujourd'hui, les images de télédétection constituent une source d'informations importantes pour plusieurs applications. L'étude de l'atmosphère (climatologie et météorologie) fut le premier grand domaine d'application de la télédétection (notamment pour le suivi de l'évolution spatio-temporelle de la couverture nuageuse, la mesure de la température et des précipitations, etc.). Le domaine d'application a été étendu par la suite pour couvrir des applications militaires (préparation de mission) mais aussi civiles (comme par exemple en urbanisme, en sciences environnementales ou encore en géologie). L'imagerie de télédétection apporte des informations utiles qui peuvent par exemple être exploiter de manière pertinente dans le domaine de la cartographie de l'occupation et de l'utilisation du sol afin de permettre la détection des zones de végétation, des surfaces imperméables, ou encore l'analyse des changements. Les applications sont alors diverses : aménagement du territoire, planification urbaine, gestion de l'environnement, renseignements, transport et télécommunication.

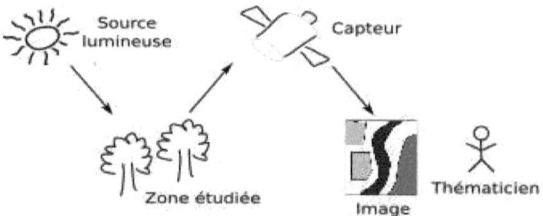

FIGURE 2.1 – Principe de base de la télédétection. [Kurtz 2008]

Dans le cadre de cette thèse, le type de télédétection qui nous intéresse est celle qui produit des images aériennes aéroportées, notamment les orthophotoplans à partir desquels des imagettes de toitures seront extraites puis segmentées en différentes régions d'intérêt (pans, cheminées, fenêtres, chiens assis, etc.) via l'approche de segmentation proposée et détaillée dans les chapitres 4, 5 et 6.

2.2.2/ ACQUISITION DES DONNÉES DE TÉLÉDÉTECTION

Les moyens d'acquisition d'images de télédétection sont nombreux et performants. On recense pour cela des moyens optiques, lasers, radars, sismographes, gravimètres, etc. Les techniques d'acquisitions dites optiques reposent sur la mesure des rayonnements réfléchis ou émis par les cibles étudiées dans un certain domaine de fréquences (infrarouge, visible, etc.). Ceci est rendu possible par le fait que les surfaces étudiées (agriculture, forêt, habitations, surfaces d'eau, etc.) émettent ou réfléchissent des rayonnements à différentes longueurs d'onde et intensités selon leur état. Certains instruments de télédétection, comme les sonars, utilisent des ondes sonores de façon similaire, tandis que d'autres mesurent des variations dans des champs magnétiques ou gravitaires.

Comme c'est décrit dans [Bul 2008], le processus de télédétection comprend généralement sept étapes-clé (cf. figure 2.2) que nous rappelons ci-dessous :

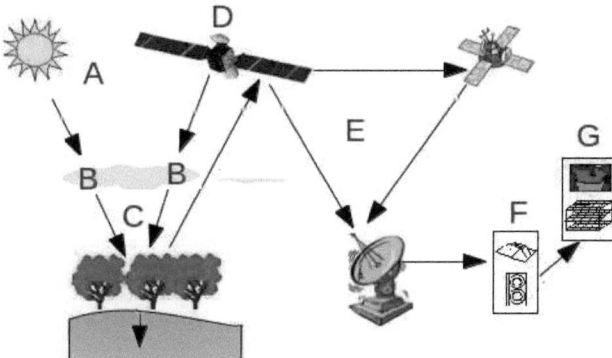

FIGURE 2.2 – Les sept étapes du processus de télédétection selon [Bul 2008] : **(A)** source d'énergie ; **(B)** atmosphère ; **(C)** cible ; **(D)** capteur ; **(E)** transmission, réception et traitement ; **(F)** interprétation et analyse ; **(G)** Application.

1. **Source d'énergie ou d'illumination (A)** - À l'origine de tout processus de télédétection se trouve nécessairement une source d'énergie pour illuminer la cible. Le plus souvent, voire dans la presque totalité des cas, cette source d'énergie est le soleil. Mais le satellite lui-même peut être source d'énergie : c'est le cas pour le domaine de la télédétection radar.

2. **Rayonnement et atmosphère (B)** - Durant son parcours « aller » entre la source d'énergie et la cible, le rayonnement interagit avec l'atmosphère. Une seconde interaction se produit lors du trajet « retour » entre la cible et le capteur.

3. **Interaction avec la cible (C)** - Une fois parvenue à la cible, l'énergie interagit avec la surface de celle-ci. La nature de cette interaction dépend des caractéristiques du rayonnement et des propriétés de la surface. Chaque objet géographique émet ou réfléchi un rayonnement dans les diverses fréquences du spectre électromagnétique. Cette caractéristique s'appelle le comportement spectral. En télédétection, on suppose que tout objet ou classe d'objet sur la surface terrestre possède sa propre « empreinte digitale » dans le spectre électromagnétique (la signature spectrale), en fonction de la longueur d'onde du rayonnement qui est réfléchi ou émis par lui-même. Ainsi, une parcelle de canne à sucre aura des signatures différentes en fonction de son stade végétatif et de son niveau de maturation.

4. **Enregistrement de l'énergie par le capteur (D)** - Une fois l'énergie diffusée ou émise par la cible, elle doit être captée à distance par un capteur qui n'est pas en contact avec la cible mais embarqué à bord d'un satellite ou d'un avion par exemple, pour être enfin enregistrée sous format numérique.

5. **Transmission, réception et traitement (E)** - Cette information enregistrée par le capteur est transmise, souvent par des moyens électroniques, à une station de réception généralement située au sol où l'information est transformée en images (numériques ou photographiques).

6. **Interprétation et analyse (F)** - Une interprétation visuelle et/ou numérique de l'image traitée est ensuite nécessaire pour extraire l'information que l'on désire obtenir sur la cible.

7. **Application (G)** - La dernière étape du processus consiste à utiliser l'information extraite de l'image pour mieux comprendre la cible, c'est-à-dire la portion d'espace étudiée (une ville, une zone inondée, une forêt, etc.) afin de nous en faire découvrir de nouveaux aspects ou pour aider à résoudre un problème particulier.

Il convient de signaler que la nature et la qualité du rayonnement solaire réfléchi par les surfaces terrestres dépendent de plusieurs facteurs à savoir la nature et l'état de ces dernières, l'état de l'atmosphère, l'environnement des surfaces, les conditions d'illumination, les caractéristiques du capteur qui l'enregistre, etc. Les capteurs utilisés pour capter et enregistrer les rayonnements réfléchis sont embarqués à bord de vecteurs, le plus souvent les avions et les satellites, dont les caractéristiques les rendent souvent spécifiques à un domaine d'application donné. Ces capteurs sont généralement caractérisés à partir de quatre résolutions : spatiale, spectrale, radiométrique et temporelle. Pour plus de détails sur ce sujet, le lecteur pourra se référer à [Robin 1995].

2.2.3/ LES IMAGES SATELLITES

Les images satellites à Très Haute Résolution Spatiale (THRS) ont commencé à être commercialisées à partir des années 2000. Leur principale caractéristique est leur résolution spatiale métrique ou sub-métrique. Elles sont offertes généralement avec une bande panchromatique et quatre bandes spectrales en bleu, vert, rouge et infrarouge. Le satellite Ikonos a été le premier satellite commercial à THRS lancé. Il fournit une bande panchromatique avec une résolution spatiale de 1m et une image multi-spectrale

CHAPITRE 2. QU'EST CE QUE LA TÉLÉDÉTECTION ?

avec une résolution spatiale de 4m. Le satellite Orbview-3, lancé en 2003, présente les mêmes résolutions spectrales et spatiales que celles d'Ikonos. Avec une plus haute résolution spatiale, le capteur QuickBird fournit une image panchromatique avec une résolution spatiale de 0.6m et les quatre bandes spectrales avec une résolution de 2.4m.

En ce qui concerne l'acquisition des images satellites, c'est depuis les années 60 que les satellites d'observation de la terre commencent à fournir des images dont la résolution varie de l'ordre du kilomètre à quelques dizaines de centimètres au travers de capteurs à barrettes balayant la surface de la terre. Il est à signaler qu'il existe deux systèmes d'acquisition d'images pouvant équiper les satellites de télédétection. L'un, dit passif, utilise divers caméras et scanners sensibles à une certaine gamme d'ondes électromagnétiques (de la lumière visible à l'infrarouge) réfléchi par la cible observée (végétation, roches, eaux) ou par l'atmosphère. Le capteur est appelé scanner s'il est pourvu d'un système de balayage qui, combiné au déplacement du vecteur, lui permet de former des images. L'autre système d'acquisition, dit actif, émet des ondes radar et dresse une image des structures terrestres ainsi « éclairées » à partir des signaux rétrodiffusés (réflexion) par la cible. Ce système présente l'avantage de « voir » de nuit comme de jour et par tous les temps.

Les applications envisagées sont donc très variées ; chacune requiert des caractéristiques spécifiques liées non seulement à la nature des informations recherchées, mais également à ses particularités géographiques, climatiques, socio-économiques, etc. Les images satellites facilitent l'étude géologique de vastes régions par la reconnaissance des failles majeures, la détection des plis de la couverture sédimentaire ou encore la réalisation de cartes géologiques de zones difficiles d'accès. L'analyse des différents éléments des paysages (terres cultivées, terrains nus, forêts, zones inondées) guide la prévision des récoltes, aide au dépistage des maladies de la végétation, facilite la surveillance de la déforestation et de la désertification, aussi bien que celle de l'évolution des infrastructures des régions habitées ou de la banquise. Les images satellitaires sont largement utilisées pour étudier les risques hydrologiques (inondations), les risques sismiques et volcaniques et les risques de glissements de terrain (géologie dynamique) et la prospection géologique. L'utilisation de ces images concerne également les applications militaires et de sécurité.

2.2.4/ LES PHOTOGRAPHIES AÉRIENNES

Avant l'avènement des capteurs spatiaux, les photographies aériennes constituaient l'essentiel des données à THRS. Elles permettent d'enregistrer les entités anthropiques et naturelles en constante évolution qui se trouvent à la surface de la terre. Les photographies aériennes mettent en évidence les entités comme les montagnes, les canyons et les basses plaines, les cours d'eau, de la source à l'embouchure ; elles révèlent les ressources terrestres, comme les lacs, les forêts et la végétation ; elles permettent enfin de reconnaître les densités de population. Elles sont aujourd'hui indispensables pour retracer finement l'historique de l'occupation et de l'utilisation des surfaces terrestres avec un niveau de détail élevé ; elles continuent à fournir des informations complémentaires à celles des images satellites ; en outre, elles restent très intéressantes pour l'observation sur des petites surfaces, car les missions d'acquisition peuvent être réalisées avec l'utilisation de plateformes moins coûteuses que les avions telles que des ULM (avions Ultra-Légers Motorisés) ou des drones (UAV en anglais - Unmanned Aerial Vehicle) [Gademer 2010].

L'utilisation de la photographie aérienne a commencée au XIXème siècle quand Gasper Felix Tournachon a pris, sur un ballon à 520 m du sol, les premières photographies « aérostatiques » sur la ville de Paris en 1858 (cf. figure 2.3). Aujourd'hui, les photographies aériennes sont acquises principalement à partir d'avions. Néanmoins, ce terme inclut toute autre photographie qui a fait l'objet d'une acquisition à partir d'une plateforme aéroportée (drone, ULM, ballon, cerf-volants...).

FIGURE 2.3 – Les premières photos aériennes. [Source : http ://www.r-s-c-c.org]

La télédétection aérienne répond à de nombreux besoins techniques : cartographie de base, cartographie d'occupation du sol à grande échelle, cartographie thématique, échantillonnage, actualisation, etc. De nombreux domaines d'application sont concernés par ces techniques : on peut citer l'hydrologie (irrigation et gestion des ressources en eau), l'étude des impacts sur l'environnement et la gestion des ressources naturelles, le développement rural, le développement urbain, les applications cadastrales, etc.

Actuellement, avec la prolifération de l'utilisation d'images satellites à très haute résolution comme, par exemple, Quickbird ou Ikonos, les photos aériennes constituent une alternative comparativement trop coûteuse soit à cause des ressources logistiques et humaines mises en oeuvre, soit par le temps et les moyens financiers nécessaires à sa réalisation.

Nonobstant ces contraintes, les photos aériennes continuent à être très utiles, en particulier pour les études diachroniques et pour la validation des produits cartographiques obtenus par la classification d'images satellites de résolution inférieure.

2.2.5/ Les différences entre les images aériennes et les images satellites

La résolution d'une photographie ou d'une image nous indique la qualité (du détail visible) sur cette photographie ou image. On mesure cette résolution par la taille minimale que doit avoir un détail observé pour former un point distinct sur l'image.

En photographie aérienne, les prises de vue se font généralement par avion, c'est à dire à une altitude pouvant aller jusqu'à 10 Km. La résolution sera bonne et la photographie pourra comporter beaucoup de détails. A contrario, un satellite se trouve beaucoup plus éloigné de la surface du sol. Le satellite SPOT 3 par exemple, se trouve à une altitude de 822 Km. Sa résolution maximale est de 20 mètres ce qui signifie que tout ce qui est inférieur à cette taille sera invisible.

Contrairement aux capteurs optiques aéroportés, les capteurs spatiaux peuvent faire des acquisitions en déporté, ce qui leur permet d'avoir une plus large résolution temporelle. Néanmoins, sans compter les difficultés liées aux corrections géométriques nécessaires, notons qu'une déportation trop importante par rapport à une acquisition réalisée directement sous le capteur entraîne des effets de perspectives non négligeables (ombres, côtés des bâtiments, ...).

Enfin, la présence d'un couvert nuageux peut aussi retarder l'acquisition (d'une journée à deux semaines) selon les caractéristiques d'orbite du satellite. Même s'il est possible de programmer des périodes d'acquisition, l'utilisateur maîtrise moins les conditions d'acquisition d'images satellites que, celles liées à l'acquisition de photographies aériennes.

2.2.6/ De l'imagerie aérienne à l'orthophotographie

Une orthophotographie monochromatique, couleur ou infrarouge couleurs (aussi appelée orthophotoplan, orthoimage, orthophoto, ou tout simplement ortho), est une photographie aérienne verticale qui fait partie des données géographiques de base. Les orthophotoplans sont souvent utilisés en complément d'un référentiel géographique (par exemple le plan parcellaire). Ils ne présentent pas la même information, mais ils montrent un nombre de détails ne figurant pas sur ces plans, et peuvent apporter une représentation géométrique dont l'exactitude est connue.

Il est à noter que la photographie aérienne non redressée présente l'inconvénient d'être non précise au niveau géométrique (inexactitude géométrique)[1]. Ceci peut être justifié par le fait que les objets les plus proches du sujet photographié apparaissent plus grands. Par conséquent, les zones en relief d'un territoire photographié (hauteur d'une colline par exemple) seront restituées à une échelle différente de celle du fond de la vallée. Une alternative pour pallier cet inconvénient consiste à rectifier les photographies aériennes pour qu'elles présentent une échelle constante sur toute leur surface, éliminer les déformations et les distorsions causées par l'angle de l'appareil et le relief du terrain. Ainsi, les images rectifiées correspondent à leur projection sur le plan horizontal et

---
1. cf. fiche technique du CNIG N°45

donnent naissance à ce que l'on appelle les orthophotoplans.

Cette phase de correction consiste à diminuer la taille des éléments de l'image représentant les éléments de terrain trop proches de l'appareil de prises de vue. Le calcul de la rectification ou orthorectification, nécessite donc de connaître la distance réelle entre tous les points du territoire photographié et l'objectif de l'appareil photo.

Cette opération est effectuée à l'aide d'une description informatique du terrain, appelée Modèle Numérique de Terrain (MNT). Le MNT est réalisé à partir de la connaissance du relief, notamment à partir de couples stéréoscopiques de photographies aériennes [2]. On obtient alors des photos avec des qualités métriques, c'est à dire des photos sur lesquelles des mesures peuvent être effectuées.

En plus de la colorimétrie (noir & blanc, couleur ou exceptionnellement infrarouge), et des paramètres d'échelle et de résolution qui caractérisent la photographie aérienne argentique, l'orthophotographie introduit un troisième paramètre lié à l'exactitude géométrique et que nous expliquons ci-dessous.

L'échelle : L'échelle d'une photo aérienne (argentique) concerne celle du cliché initial (le négatif) et non pas celle de l'agrandissement. Le négatif original mesure 23 cm de côté avec une résolution photographique qui dépend de l'objectif photographique. L'échelle du négatif est proportionnelle à l'échelle de l'usage avec un coefficient qui se veut plus élevé en photographie noir & blanc qu'en couleur.

La résolution : La résolution se traduit par la possibilité de différencier des objets sur l'image et s'apprécie en pixels. Cette caractéristique est très variable selon le type de données maillées. Elle est dépendante du contraste entre deux objets limitrophes, et de leur forme. A titre d'exemple, sur une image à mailles au sol de 0,50 m, nous pouvons discerner la signalisation horizontale d'une route, alors qu'elle a une largeur bien inférieure à la maille. A l'inverse, la frontière entre deux objets aux limites non régulières et ne présentant qu'un faible contraste, ne pourra être déterminée qu'avec au moins deux mailles.

La caractérisation de l'orthophotoplan par ces deux paramètres (la résolution et l'échelle) a parfois tendance à occulter partiellement, voire totalement, les autres caractéristiques d'un orthophotoplan, notamment la précision, le dévers des bâtiments, les qualités radiométriques, les hauteurs solaires de la prise de vue, les métadonnées, les droits d'utilisation, la date et la saison de la prise de vue, etc.

L'exactitude géométrique (précision géométrique) : Une orthophotographie peut avoir une maille de 0,50 m au sol, mais n'avoir une précision annoncée que de quelques mètres et peut donc se révéler inutilisable. L'exactitude géométrique est obtenue dans la suite du processus de fabrication : le tirage de la photo aérienne est scanné pour permettre son redressement. Ce dernier s'appuie sur une représentation numérique

---

2. cf. fiche technique du CNIG N°46

(informatique) du terrain communément appelé modèle numérique du terrain (MNT). La qualité du redressement est fonction de la précision géométrique du MNT et de la qualité des traitements informatiques effectués.

En conclusion, l'orthophotographie offre aujourd'hui un potentiel considérable pour une vaste gamme d'applications, telles que l'étude du milieu urbain (espace foncier, gestion de l'habitat, gestion du patrimoine, gestion du domaine public), l'étude des milieux à dominance végétale (gestion des espaces végétaux, gestion des espaces ruraux), l'utilisation de fonts de plans (pos, cadastre...) pour des simulations d'études d'impacts, etc.

Il est important de signaler que dans le cadre des travaux réalisés dans cette thèse et portant sur la segmentation d'orthophotoplans, les images à traiter nous sont fournies avec l'empreinte au sol (comme l'illustre la figure 2.4). Ceci nous permet d'extraire automatiquement les imagettes de toitures à partir de l'orthophotoplan et d'y appliquer l'approche de segmentation proposée en vue de segmenter les toits en différentes régions d'intérêt (pans de toitures, cheminées, fenêtres, chiens assis, etc.).

FIGURE 2.4 – Exemple d'un orthophotoplan, avec empreintes au sol, traité dans cette thèse.

2.3/ Domaines d'applications

2.3.1/ L'information géographique recherchée ?

L'information géographique (IG), appelée aussi information géo-spatiale, est l'information qui décrit les phénomènes associés directement ou indirectement à une localisation par rapport à la surface de la terre [Nougeras 2005]. L'information géographique recherchée dans les images de télédétection concerne, dans la plupart des cas les objets cartographiques qui sont présents dans les bases de données géographiques et qui sont susceptibles d'être extraits à partir des données de télédétection. Les routes et les bâtiments en sont des exemples [Baltsavias 2004]. D'autres objets géographiques ont fait l'objet des travaux d'extraction à partir des images à THRS, mais restent moins fréquents. On peut citer par exemple, les jardins privés [Mathieu 2007], les arbres [Guo 2007], les piscines privés [Berrada 2006], etc.

Afin d'enrichir et d'optimiser l'extraction de l'information cartographique, les chercheurs se penchent sur l'extraction d'autres informations non-cartographiques qui peuvent être aussi recherchées dans les images de télédétection. Il est donc opportun d'intégrer la recherche des objets non-cartographiques comme une première étape dans le traitement afin de simplifier le processus d'extraction de l'information cartographique. La détection de l'ombre par exemple permet de renseigner sur la présence d'objets cartographiques élevés tels que les bâtiments et les arbres [Amani 2006]. L'extraction des objets de voirie tels que les routes et les lots de stationnements peut être réalisée par l'intermédiaire de la détection des objets comme les véhicules [Gerhardinger 2005]. Des informations cartographiques peuvent être également recherchées dans un premier lieu pour simplifier par la suite l'extraction d'autres objets cartographiques qui intéressent les chercheurs. L'extraction des zones de végétation et du sol simplifie la détection de bâtiments [Hermosilla 2011].

Les deux informations cartographiques et non-catastrophiques sont largement utilisées dans les processus de détection de dommages à partir des images à THRS. Ces processus sont généralement basés sur l'observation et l'interprétation de changements entre deux images avant et après la crise, le but étant de créer des cartes de dégâts. Par exemple, l'absence ou la taille anormalement petite de l'ombre (en comparaison des bâtiments voisins) d'un bâtiment indique que celui-ci s'est, peut être effondré sur lui-même.

2.3.2/ Méthodologies d'analyse d'images de télédétection

Maintenant que l'on a définit l'information recherchée dans les images satellites et aériennes, la question qui se pose est de savoir comment extraire cette information en vue de l'exploiter de manière visuelle et/ou automatique pour interpréter et analyser par la suite l'image traitée (mise en application de cette information). L'interprétation et l'analyse des images de télédétection ont pour but d'identifier et de mesurer différentes cibles dans une image pour pouvoir en extraire l'information utile. En télédétection, une cible est définie comme étant toute structure ou objet observable dans une image. La cible doit être distinctive aux niveaux spatial et spectral, c'est-à-dire qu'elle doit contraster avec les structures avoisinantes.

La première étape dans l'analyse d'une image de télédétection est l'extraction de l'information recherchée (les différents objets géographiques présents dans la scène analysée, leurs nombres, etc.). Ceci peut être réalisé de manière manuelle par un photo-interprète. L'extraction manuelle d'informations date du tout début de la télédétection avec l'interprétation de photos aériennes. Avec l'émergence et la prolifération de nouvelles technologies (la venue des enregistrements numériques des données de télédétection et le développement des ordinateurs), le volume de données tend à augmenter et par conséquent, ce processus d'interprétation visuelle devient de plus en plus gourmand en temps. L'analyse automatique de données (extraction automatique de l'information) devient alors de plus en plus nécessaire.

Il ressort de la littérature que deux aspects indissociables coexistent dans la problématique de l'automatisation de l'extraction de l'information à partir des images de télédétection. Le premier aspect concerne les techniques de traitement d'images (dans la plupart des cas la segmentation), alors que le deuxième se traduit par le traitement des données complexes en analyse et fouille de données (la classification par exemple). Ces deux aspects bénéficient des nombreuses années de recherche déjà effectuées dans les domaines de la segmentation d'images et de classification de données. Deux grandes approches d'analyse peuvent être alors identifiées : l'analyse supervisée et l'analyse non supervisée. Elles se différencient principalement par leur but mais aussi par les algorithmes mis en oeuvre.

- **L'analyse supervisée** nécessite des processus de traitement basés sur des techniques de segmentation et de classification supervisées. La segmentation supervisée intègre des connaissances a priori (formes, informations spectrales, etc.) des objets à extraire pendant le processus de segmentation. La classification supervisée consiste, à partir d'un ensemble d'objets de classes connues appelé ensemble d'apprentissage, à produire un modèle des classes caractérisant ces données et surtout, pouvant être généralisé à un ensemble de données plus large. Appliquée à une image, la classification consiste à associer à chaque pixel p de l'image, l'indice k de la classe C_k à laquelle il appartient.

- **L'analyse non supervisée** nécessite des mécanismes semblables à ceux de l'approche précédente mais cette fois-ci d'une manière non supervisée. La segmentation non supervisée ne nécessite aucune connaissance à priori des objets à extraire. La classification non supervisée aussi appelée partitionnement de données ou clustering, quant à elle, a pour but de regrouper les données au sein d'ensembles homogènes (classes) telles que, pour un critère de similarité donné, les entités d'une classe soient les plus similaires possible (homogénéité intra-classes) et que les entités de classes différentes soient les plus différents possible (séparabilité inter-classes).

Bien que le travail présenté dans ce manuscrit s'inscrive dans un contexte de segmentation de toitures à partir d'orthophotoplans, il est important de rappeler quelques travaux de recherche se focalisant sur l'extraction de l'information géographique à partir des images de télédétection. Cela concerne l'extraction des bâtiments et des réseaux routiers, l'analyse des dégâts, etc.

2.3.3/ UNE MULTITUDE D'APPLICATIONS

2.3.3.1/ EXTRACTION DES BÂTIMENTS

L'analyse des images de télédétection en vue de la détection/extraction de bâtiments en milieu urbain, constitue un champ d'investigation important et en pleine expansion. De nombreuses applications comme l'urbanisme ou la cartographie poussent les recherches liées à ce domaine. En effet, disposer d'une description de l'environnement urbain, représente un enjeu important dans des domaines aussi variés que les études environnementales, l'étude de propagation de bruit, l'implantation d'espaces verts, l'écoulement d'eau, l'aménagement urbain, la simulation d'éclairement, l'architecture, la visite virtuelle de zones urbaines, les propagations d'ondes électromagnétiques, le placement optimisé des antennes pour les opérateurs de téléphonie, les jeux vidéo ou les applications militaires (simulation de combats urbains, guidage de missiles), etc.

Les approches de détection de bâtiments à partir d'imagerie aérienne et satellites peuvent être automatiques ou supervisées [Persson 2005], [San 2007], [Akcay 2010]. Elles sont basées sur l'extraction de caractéristiques géométriques (comme des lignes ou des coins) [Stassopoulou 2000], [Keyan 2009], [Nosrati 2010], ou sur des approches régions [Muller 2005], [Angiati 2011]. Nous trouvons aussi des méthodes dites hybrides qui utilisent par exemple à la fois des caractéristiques géométriques et des régions ou enocre combinant des phases automatiques et semi-automatiques ou supervisées [Muller 2005], [Stassopoulou 2000]. Notons aussi qu'il existe des techniques d'extraction de bâtiments à partir d'orthophotoplans [Stassopoulou 2000], [Tarantino 2011] faisant appel à l'invariance couleur [Sirmacek 2008], [Nosrati 2010].

Il est à noter que la détection automatique de bâtiments à partir d'images de télédétection présente des difficultés d'ordre géométriques et radiométriques. Les raisons géométriques concernent la géométrie des bâtiments qui peut constituer des structures complexes créant des discontinuités brusques de hauteur, des occlusions, des ombres [Kim 1999]. Les raisons radiométriques quant à elles sont liées aux combinaisons de matériaux de type différents qui peuvent créer une variété de valeurs d'intensité dans les bandes spectrales employées [Donnay 2001].

2.3.3.2/ EXTRACTION DES RÉSEAUX ROUTIERS

Parmi les informations recherchées dans les images de télédétection, les réseaux routiers retiennent une attention particulière. Depuis une vingtaine d'années, l'extraction des réseaux routiers a fait l'objet de nombreux travaux en traitement d'images et en télédétection. En effet, l'élaboration d'une procédure de mise à jour automatique de documents cartographiques [Fiset 1998] est nécessaire pour les fonctions allant de la gestion du trafic à la navigation automatisée de véhicules. Il s'agit effectivement d'un élément de la carte topographique qui doit constamment être révisé puisque de nouvelles routes sont construites ou leur tracé modifié chaque année. De plus, les réseaux routiers apportent des informations contextuelles de première importance, permettant de localiser d'autres types d'éléments sur une image de télédétection, telles que les structures domiciliaires ou commerciales. Même aujourd'hui, la cartographie du réseau de rues est essentiellement effectuée par interprétation d'images avec un apport de mesure de terrain. Cette procédure est un processus cher et gourmand en temps et demande à être ré-effectué à chaque mise à jour du réseau.

L'intérêt pour une méthode automatique et robuste d'extraction des routes à partir d'images de télédétection est indéniable. Une grande variété des méthodes d'extraction des réseaux routiers à partir d'images aériennes et satellites a vue le jour ces dernières années, et deux grandes catégories, peuvent être identifiées dans la littérature : les méthodes semi-automatiques et les méthodes automatiques. Généralement, les méthodes semi-automatiques permettent une extraction précise et efficace d'une route spécifiée par un utilisateur. Néanmoins, le gain de productivité apporté par ces méthodes est faible par rapport au travail d'extraction mené par un expert. La tendance vers une méthode purement automatique est devenue alors l'ambition de plusieurs travaux de recherche. Parmi les méthodes existantes, on peut citer par exemple la morphologie mathématique [Jin 2008], [Mangala 2010], les réseaux de neurones [Bhattacharya 1997], [Mangala 2010], la programmation dynamique [Gruen 1995], les contours actifs [Peteri 2003], [Anil 2010], les modèles de Markov [Stoica 2000] ou l'analyse multirésolution [Peteri 2003], [Couloigner 2000]. Ces méthodes exploitent les caractéristiques principales des routes dans l'image à savoir la géométrie, la radiométrie, ainsi que les propriétés sur le réseau (comme la connexité). Certains travaux prennent en compte le contexte spatial afin de se focaliser sur les régions qui ont le plus de chance de contenir une route [Ruskone 1996], [Idbraim 2008]. Notons que tout comme pour les bâtiments, plusieurs auteurs ont réalisé l'extraction des réseaux routiers à partir d'orthophotoplans [Butenuth 2003], [Peng 2010].

2.3.3.3/ DÉTECTION DE DOMMAGES

De par ses enjeux humains et économiques, l'utilité d'estimer les dégâts liés aux catastrophes majeures n'est plus à démontrer. Afin d'assurer une meilleure gestion de la période post-crise et de prendre la juste mesure de la catastrophe par les autorités locales, l'estimation des dégâts doit répondre aux questions les plus fréquentes concernant la rapidité et la fiabilité. En effet, une estimation précise et rapide des dégâts permet aux pouvoirs locaux, d'organiser les reconstructions nécessaires à la suite de la catastrophe et par conséquent d'éviter de ralentir ou d'entraver l'intervention des secours sur place. Ceci permet également aux assurances de calculer le coût de la catastrophe en termes de compensation et par la suite de connaître les zones à risques afin de réévaluer leurs tarifs [Fellah 2003].

L'imagerie de télédétection est un outil de grand intérêt permettant une estimation rapide des dégâts et une observation détaillée sur une large couverture. A titre d'exemple, un certain nombre de travaux traitent de la détection des dégâts sur les bâtiments [Gusella 2005], [Gamba 2007], sur les réseaux routiers [Atena 2010] ou sur l'analyse des risques d'inondation [Robertson 2009]. En effet, plusieurs avantages considérables liés à l'exploitation de l'imagerie de télédétection dans ces domaines peuvent être soulignés comme la possibilité d'étudier les conséquences d'une catastrophe dans des lieux devenus difficiles d'accès par voie terrestre et où les moyens de communication sont souvent bloqués. Par exemple, les tremblements de terre désorganisent les réseaux de transport et interrompent les activités d'urgence comme les secours à victimes, la reconstruction, et les missions de remise en état. Par conséquent, la détection des dégâts du réseau routier postérieurs au tremblement de terre et l'évaluation du niveau de ces dégâts sont deux éléments cruciaux lorsqu'il faut trouver les meilleurs itinéraires et coordonner des missions de sauvetage. Les données de télédétection présentent également des avantages pour l'observation de destructions en zones non sécurisées. En outre, les informations obtenues à partir de données de télédétection peuvent être traitées dans des centres opérationnels lointains, très bien équipés et situés à l'abri de ces catastrophes.

La littérature propose de nombreux travaux sur la détection des dommages et par conséquent sur l'estimation des dégâts. Les différentes approches proposées diffèrent principalement selon le choix du nombre d'images utilisées pour l'analyse. Certaines techniques s'appuient sur l'analyse des changements produits entre les images acquises avant et après la crise (méthodes dites multi-temporelles), tandis que d'autres techniques préfèrent analyser une seule image appelée image post-crise (méthodes dites uni-temporelles). Nous détaillons ci-dessous quelques travaux relatifs à ces deux catégories de techniques.

Analyse multi-temporelle : Les techniques dites multi-temporelles s'appuient sur des méthodes de détection de changements. Elles consistent à détecter les différences des caractéristiques spectrales d'un même objet situé dans des images acquises avant et après la crise. Un bon nombre de travaux portant sur les méthodes de détection de changements peut être trouvé dans la littérature [Coppin 2004], [Lu 2004], [Radke 2005]. Les techniques proposées peuvent être classées en deux catégories. La première catégorie regroupe des techniques généralement rapides et qui consistent à comparer successivement chaque pixel de l'image avant-crise avec le pixel correspondant dans l'image après-crise. Ces techniques présentent l'inconvénient d'être sensibles aux changements non pertinents (un dégât est souvent caractérisé par un changement de radiométrie excédant un seuil défini manuellement ou automatiquement), ce qui engendre de nombreuses fausses alarmes sur les résultats obtenus. La deuxième catégorie regroupe les techniques dites orientées-objets qui consistent à découper l'image en zones homogènes par segmentation selon certains critères faisant appel généralement à des grandeurs radiométriques. Dans ce cas, l'analyse de degré d'un dégât est basée sur des caractéristiques de types radiométrique et géométrique. Ces méthodes sont moins sensibles aux changements non pertinents car elles tiennent en compte de la distribution spatiale des pixels. Néanmoins, elles sont sensibles aux résultats de segmentation et à la mise en correspondance des objets extraits.

Analyse uni-temporelle : Beaucoup moins utilisé, ce type d'analyse présente l'avantage de ne nécessiter aucune image de référence. Les approches développées dans ce sens sont généralement destinées à détecter des zones brûlées ou à quantifier des dégâts sur le bâti suite à un séisme. L'analyse de l'image post-crise en vue de détecter les zones brûlées est fondée sur les différences des signatures spectrales des différents objets présents dans l'image. La détection et la quantification des dégâts sur le bâti s'appuient sur différents critères [Chiroiu 2003]. En cas de dégâts, les toits de bâtiments présentent d'une part des irrégularités sur leur contour, d'autre part une plus grande hétérogénéité radiométrique par rapport à ceux qui sont intacts. Par ailleurs, l'information sur l'ombre peut être exploitée dans le cas où aucun signe de dégâts n'est détecté sur le toit. Plus exactement, l'absence ou la taille anormalement petite (en comparaison des bâtiments voisins) de l'ombre issue d'un bâtiment indique que celui-ci s'est peut effondré sur lui-même. Comme pour l'analyse multi-temporelle, deux sortes de catégories de méthodes peuvent être distinguées, à savoir les méthodes travaillant à l'échelle du pixel [Mitomi 2002], [Miura 2006] et les méthodes basées-objets [Xinjian 2004], [Zammit 2008].

2.3.3.4/ AUTRES APPLICATIONS

Au delà des applications précédemment mentionnées, d'autres applications des images de télédétection ont été entreprises ces dernières années. On peut citer par exemple des applications liées à la cartographie du littoral (la ligne de rivage) et à la détection des changements intervenant sur ce dernier. L'extraction du littoral est essentielle pour plusieurs applications à savoir la navigation autonome de véhicules aériens, le géoréférencement des images, la surveillance de la géomorphologie côtière, la protection de l'environnement côtier, etc.
En effet, l'étendue du territoire à surveiller et le fait de ne pas disposer de frontières physiquement matérialisées rendent la télédétection par images aériennes et satellites bien adaptée. En effet, les côtes ayant été manuellement identifiées et tracées par des cartographes, la tendance vers une méthode automatique ou semi-automatique est devenue l'ambition de nombreux travaux de recherche, notamment en raison de la subjectivité et des efforts substantiels impliqués dans cette tâche. Du fait de sa connexité avec la mer, le problème d'extraction du littoral s'est greffé au problème de détection des frontières des objets. Les méthodes de segmentation (basées contours ou régions) généralement utilisées pour extraire les frontières des objets, ont donc été employées dans l'extraction du littoral. Di et al. [Di 2003] introduisent une approche pour l'extraction automatique du littoral à partir de l'imagerie Ikonos en employant l'algorithme du mean-shift. Dans [Liu 2009], les auteurs proposent une méthode automatique d'analyse des changements du littoral par intégration des données LiDAR et un orthoimage. La méthode proposée emploie une segmentation en régions par mean-shift et une méthode de segmentation basée sur les contours pour extraire les lignes de rivages à partir de l'orthophotoplan. Lee et all [Lee 2009] introduisent également une méthode similaire à la précédente. Liu et Jezek [Liu 2004] extraient les lignes de rivages à partir des images satellites en utilisant le détecteur de Canny et des méthodes de seuillage localement adaptatives. Récemment dans [Puissant 2012], les auteurs proposent une méthode semi-automatique combinant une classification supervisée et une segmentation par LPE (Ligne de Partage des Eaux) nécessitant l'intervention de l'utilisateur pour fournir des marqueurs à la croissance de régions.

La détection des navires a aussi été largement étudiée ces dernières années en utilisant les images aériennes. Les intérêts sont nombreux et concernent généralement le domaine de la surveillance maritime consistant entre autres en la surveillance du trafic, la protection contre la pêche illégale, le contrôle des rejets d'hydrocarbures et la surveillance de la pollution de la mer. Les techniques de télédétection développées dans le cadre de la détection de navires peuvent être classées en deux catégories : les techniques utilisant les images SAR (Synthetic Aperture Radar) avec la capacité d'obtenir des images de jour et de nuit dans la plupart des conditions météorologiques, et les techniques qui emploient la télédétection optique. Le lecteur pourra se référer à [Crisp 2004], [Topouzelis 2008] qui constituent un bon état de l'art du domaine. De nombreux algorithmes ont été développés dans ce contexte [Wang 2008], [Proia 2009], [Harvey 2010]. Tello et al. [Tello 2004] ont utilisé la transformée en ondelettes afin d'analyser les discontinuités multi-échelles d'images SAR et ainsi détecter les cibles (navires). Corbane et al. [Corbane 2008] ont quant à eux développé une approche basée sur des algorithmes génétiques et des réseaux de neurones pour détecter et classer des petits bateaux de pêche à partir des images SPOT 5-m. Récemment, ce même auteur détecte les navires sur des images satellites en se basant sur des méthodes statistiques, la morphologie mathématique et d'autres techniques de traitement du signal telles que l'analyse en ondelettes et la transformée de Radon [Corbane 2010].

L'imagerie de télédétection est aussi un outil déterminant pour la modernisation de l'agriculture. En effet, la télédétection peut fournir des données très utiles pour identifier, surveiller les zones cultivées et prendre des décisions sur les cultures et les stratégies agricoles. Le principal défi est alors de répondre aux problèmes de l'identification des carences en éléments nutritifs, de maladies, de manque ou d'excédent d'eau, d'invasion de mauvaises herbes, de dégâts d'insectes, dus au vent ou aux herbicides, etc. En effet, les problèmes qui peuvent survenir dans un champ peuvent être identifiés à distance avant qu'ils ne puissent être identifiés visuellement.
De nombreux articles et rapports de recherche traitent de l'utilisation de la télédétection dans l'agriculture. Tenkorang et Lowenberg [F.Tenkorang 2008] proposent un descriptif des avantages économiques de la télédétection dans l'agriculture. Thorp and Thian [Thorp 2004] présentent un état de l'art sur la détection de mauvaises herbes. Dans [Somers 2009], les auteurs proposent une méthode de détection de mauvaises herbes dans les vergers d'agrumes. Rodriguez et al. [Rodriguez 2006] distinguent les vignes d'autres cultures en utilisant des images satellites Landsat TM. Delenne et al. [Delenne 2008] introduisent une méthode d'extraction et de caractérisation des parcelles de vignes à partir d'images aériennes. Cette méthode est basée sur une analyse fréquentielle par transformée de Fourier et les régions analysées sont segmentées manuellement. Récemment, dans [Vaughn 2012], les auteurs proposent une méthode de classification des espèces d'arbres (oliviers, amandiers et caroubiers) par intégration d'images aériennes et de données LiDAR.

2.4/ CONCLUSION

La télédétection est un domaine de recherche récent en pleine expansion qui couvre une large palette d'applications. La littérature est riche en travaux de recherche portant sur la détection du bâti, des réseaux routiers, des zones de végétation, de l'analyse de dégâts, etc. La quasi totalité de ces approches intègre la segmentation d'images comme étape fondamentale dans le processus d'extraction automatique de l'information. Dans ce chapitre, nous avons rappelé le principe générale du processus d'acquisition des données de télédétection ainsi que les différents type de données manipulées à savoir les images satellites, les images aériennes et les orthophotoplans.

Dans un deuxième temps, nous avons dressé un état de l'art des principales applications de télédétection. Nous avons ainsi pu constater que le traitement d'images et à fortiori la segmentation prennent une place importante dans le processus global. Nous avons aussi constaté à travers cet état de l'art que peu de travaux traitent de la détection et la segmentation automatiques de toitures à partir d'images aériennes. Les travaux de cette thèse portent sur la segmentation de toitures en différentes régions d'intérêt (cheminées, fenêtres, chiens assis, etc.). Avant de détailler ces travaux dans les chapitres 4, 5 et 6, nous présentons dans le chapitre suivant un état de l'art sur les méthodes de segmentation d'images couleur en régions

3

LES MÉTHODES DE SEGMENTATION D'IMAGES COULEUR EN RÉGIONS

3.1/ INTRODUCTION

La segmentation d'images est une tâche importante dans tout processus de traitement et analyse d'images. Cette tâche est présente dans plusieurs applications de vision par ordinateur telles que l'imagerie médicale, l'analyse vidéo, la télédétection, l'aide à l'exploitation des systèmes de vidéo-surveillance dans les transports, etc. En télédétection, le processus de segmentation devient de plus en plus utilisé avec l'arrivée des images satellites et aériennes (par exemple les orthophotoplans) de très haute résolution spatiale. Plusieurs approches de segmentation dédiées aux images de télédétection ont été proposées dans la littérature. La robustesse de chacune de ces méthodes dépend grandement des caractéristiques de l'image acquise (résolution de l'image, présence de bruit, etc.). Proposer un état de l'art des méthodes de segmentation d'images est une tâche délicate, au vu du nombre d'articles parus dans la littérature durant ces trente dernières années. La plupart des méthodes ont été développées dans le cadre d'applications spécifiques. En vertu de cette considération, nous nous intéressons ici qu'aux méthodes de segmentation les plus couramment utilisées et plus particulièrement celles basées sur les régions. Nous rappelons donc ici, l'une des plus puissantes méthodes de segmentation morphologique connue à ce jour et qui se trouve aussi être le coeur de l'approche de segmentation d'orthophotoplans proposée dans cette thèse, la Ligne de Partage des Eaux (LPE). Mais nous citons également : l'algorithme Color Structure Code (CSC), le JSEG unsupervised segmentation algorithm, l'approche basée sur la théorie des graphes EGBIS (Efficient Graph-Based Image Segmentation), le Statistical Region Merging (SRM) et l'algorithme Mean-Shift (MS). Il est à signaler que ces méthodes seront testées ultérieurement (cf. chapitre 6) afin d'étudier leurs performances pour la segmentation des orthophotoplans et de comparer leurs résultats à ceux obtenus avec notre stratégie de segmentation basée sur la LPE.

Ce chapitre est alors structuré de la manière suivante. Après un bref rappel de la définition de la segmentation d'une image, les principales méthodes de segmentation d'images couleur en régions sont présentées. Pour chaque méthode de segmentation considérée, nous introduisons brièvement son principe de fonctionnement, son algorithme avec ses différents paramètres et donnons quelques exemples de travaux de recherche l'ayant utilisée.

3.2/ Définition

La segmentation d'images couleur est un traitement de bas niveau qui demeure un problème ouvert en analyse d'images. Cette tâche a pour but de créer une partition d'une image I en sous-ensembles disjoints et connexes, appelés régions et possédant des attributs communs [Maitre 2003]. Au sein de cette partition, les régions doivent respecter des critères d'homogénéité et de connexité. Nous rappelons ci-après une définition plus formelle donnée dans [Lucchese 2001] : On note par $\mathcal{P}(R_i)$, le prédicat d'uniformité qui définit l'homogénéité d'une région R_i. Ce prédicat est défini par l'équation 3.1.

$$\mathcal{P}(R_i) = \begin{cases} vraie & si \ R_i \ est \ homogène \\ faux & sinon \end{cases} \quad (3.1)$$

Les régions doivent alors respecter les quatre conditions suivantes :

- La première condition implique que chaque pixel de l'image doit appartenir à une région R_i et l'union de toutes les régions correspond à l'image entière, ie
$I = \bigcup_{i=1}^{N} R_i$ avec $R_n \cap R_m = \emptyset$ pour tout $n, m \in [1...N]$, où N est le nombres de régions,

- La deuxième condition est relative à la structure des régions. Elle définit une région comme un ensemble de pixels qui doivent être connexes, ie R_i est constituée de pixels connexes pour tout $i \in [1...N]$,

- La troisième condition exprime que chaque région doit respecter un prédicat d'uniformité, ie $\mathcal{P}(R_i)$ = vrai pour tout $i \in [1...N]$,

- La dernière condition implique la non-réalisation de ce même prédicat pour la réunion de deux régions adjacentes, ie $\mathcal{P}(R_i \cup R_j)$ = faux pour tout i≠j, R_i et R_j étant adjacents dans I.

D'un point de vue algorithmique, la segmentation d'images consiste à attribuer à chaque pixel de l'image une étiquette d'appartenance (appelé label) à une région donnée. A l'ensemble des pixels ayant le même label, est attribué une même couleur, ce qui permet d'identifier rapidement les différentes régions. L'image segmentée ainsi obtenue est appelée carte de régions.

Il est à noter que la classification des pixels se fait suivant deux modes : mode supervisé ou mode non supervisé. Les méthodes supervisées requièrent l'intervention de l'utilisateur afin de fournir le nombre de régions et leurs caractéristiques pour guider le processus de segmentation. La segmentation est alors effectuée en déterminant, pour chaque site, la classe dont les propriétés se rapprochent le mieux de celles observées en ce site. Dans le cas des méthodes non supervisées (les techniques de segmentation que nous allons évoquer dans le présent chapitre), le problème est plus complexe, car les informations nécessaires au processus de classification des pixels doivent être calculées de manière complètement automatique, d'où la difficulté de ce type d'approche. La suite de ce chapitre est consacré à la présentation des principales méthodes de segmentation non supervisées, appliquées aux images de télédétection.

3.3/ MÉTHODES DE SEGMENTATION APPLIQUÉES À LA TÉLÉDÉTECTION

3.3.1/ STATISTICAL REGION MERGING (SRM)

La méthode (SRM) proposée par Nock and Nielsen [Nock 2004] est une méthode de partitionnement de graphes rapide et robuste. Les images segmentées peuvent être décrites par un graphe d'adjacence de régions, les noeuds représentant les régions et les arcs les relations entre les régions. Cet algorithme intègre à la fois une technique de segmentation par croissance de régions et par fusion. L'idée de base de cette méthode est de débuter avec une région par pixel, puis d'appliquer un test statistique sur les régions voisines (dans l'ordre croissant des différences d'intensité) afin de vérifier si les intensités moyennes sont suffisamment proches pour être fusionnées. L'avantage de cette méthode est qu'elle est relativement simple à utiliser, peu gourmande en temps de calcul et fournit de bons résultats sans avoir recours à une quantification ou à des transformations d'espaces couleur. L'algorithme SRM nécessite le réglage d'un paramètre Q représentant la complexité statistique de l'image et contrôlant le niveau de segmentation. Il est également possible d'ajuster une autre variable (de moindre importance) qui fixe la taille minimale des régions segmentées.

Cette méthode couvre un large spectre d'applications. On peut citer par exemple le traitement d'images médicales [Oelebi 2011], [Loo 2012], la segmentation vidéo [Ahmed 2006], [McGuinness 2007], la reconnaissance d'objets [Schindler 2008], la segmentation des images 3D [Ushizima 2011] et la télédétection [Li 2008a], [Li 2008b], [Wang 2010b]. Pour cette dernière application, Anil et al. [Anil 2010] introduisent par exemple une méthode d'extraction des réseaux routiers utilisant le SRM à partir d'images de très haute résolution. Dans [Tian 2010], les auteurs proposent une méthode basée sur le SRM afin d'extraire des caractéristiques des images satellites pour la gestion des catastrophes.

Selon [Nock 2004], l'algorithme SRM est défini comme suit : Soit I une image couleur contenant $|I|$ pixels, dont chacun est caractérisé par sa valeur sur les composantes Rouge, Verte et Bleue. I est une observation d'une image vraie I^* dans laquelle les pixels sont parfaitement représentés par une famille de distributions à partir de laquelle chacune des composantes couleur observées est échantillonnée. Les régions statistiques optimales dans I^* partagent une propriété d'homogénéité de telle sorte qu'à l'intérieur de n'importe quelle région statistique et chaque composante couleur donnée, les pixels statistiques ont la même espérance, tandis que les espérances des régions statistiques adjacentes diffèrent dans au moins une composante couleur.

I est obtenu à partir de I^* en échantillonnant chaque pixel statistique pour les valeurs RGB observées. I est une réalisation de I^*, et la segmentation de I est le processus de recherche des régions statistiques de I^*. Les valeurs des composantes couleur pour chaque pixel dans I^* sont remplacées par un ensemble de Q variables aléatoires indépendantes, qui prennent des valeurs dans la gamme [0, g/Q] (g = 256). Des valeurs plus élevées du paramètre Q aboutissent à une segmentation plus fine et donc à la génération de plusieurs régions.

A l'instar d'autres techniques de segmentation par croissance de régions, l'algorithme SRM est basé sur deux éléments majeurs ; un prédicat de fusion et l'ordre de fusion suivi pour tester ce prédicat. Le prédicat de fusion est défini comme suit :

$$\mathcal{P}(R, R') = \begin{cases} vraie & si\ \forall a \in \{R, G, B\}, |\bar{R}'_a - \bar{R}_a| \leq | \sqrt{b^2(R) + b^2(R')}| \\ faux & sinon \end{cases} \quad (3.2)$$

avec

$$b(R) = g\sqrt{\frac{1}{2Q|R|}ln(\frac{R_{|R|}}{\delta})} \quad (3.3)$$

et

$$\delta = \frac{1}{6|I|^2} \quad (3.4)$$

où R et R' représentent deux régions adjacentes candidates à la fusion, $\bar{R}_a$ représente la moyenne observée pour une composante couleur dans la région R et $R_{|R|}$ est l'ensemble de régions avec |R| pixels. L'ordre de fusion suit un invariant "A", qui implique que lorsque tout test entre deux régions vraies est effectué, aucun test supplémentaire n'est nécessaire.

Soit S_I un ensemble contenant toutes les paires de pixels adjacents dans l'image sur la base de la 4-connexité, p et p' deux pixels dans l'image I (de taille $m \times n$), et R(p) la région courante à laquelle le pixel p appartient. Le nombre de paires des pixels adjacents est $2 \times m \times n - m - n$. L'algorithme SRM trie en premier lieu les paires de pixels en ordre croissant selon une fonction $f(p, p')$ définie par l'équation 3.5. Une fois le processus de tri terminé, l'ordre est parcouru une seule fois, effectuant le test de fusion $\mathcal{P}(R(p), R(p'))$ pour n'importe quel paire de pixels (p, p') pour lequel $R(p) \neq R(p')$, et fusionnant $R(p)$ et $R(p')$ si le test retourne vrai.

Une façon pour approximer l'invariant "A" est de calculer le gradient local entre pixels $(p - p')$ dans les trois composantes couleur (rouge, verte et bleue) puis de considérer la valeur maximale comme le défini l'équation suivante :

$$f(p, p') = \max_{a \in \{R, G, B\}} |p_a - p'_a| \quad (3.5)$$

3.3.2/ EFFICIENT GRAPH-BASED IMAGE SEGMENTATION (EGBIS)

L'algorithme Efficient Graph-Based Image Segmentation (EGBIS) introduit par Felzenszwalb et Huttenlocher [Felzenszwalb 2004] fait également partie des méthodes de partitionnement de graphes. De nombreux travaux de recherche rapportés dans la littérature tendent à démontrer l'efficacité de cette méthode de segmentation dans plusieurs applications à savoir la reconnaissance d'objets [Sande 2011], [Dezso 2012], le traitement de vidéos [Feng 2007], [Quang 2012], le traitement des images médicales [Suying 2010], [Gopinath 2011], etc. Cette méthode est également utilisée en télédétection [Persson 2008] comme par exemple pour extraire automatiquement les zones

CHAPITRE 3. LES MÉTHODES DE SEGMENTATION D'IMAGES COULEUR EN RÉGIONS 39

de bâtiments [He 2008], [Saeedi 2008], ou encore pour évaluer des risques sismiques [Wieland 2012].

L'algorithme EGBIS comprend trois paramètres : σ, k et min. Le paramètre σ est l'écart-type du filtre gaussien appliqué sur l'image avant de procéder à la segmentation. La constante positive k est introduite pour calculer le seuil adaptatif qui sert à régler la finesse de la segmentation ; les auteurs tendent généralement à utiliser la valeur k=300. Le paramètre min sert à donner une taille minimale aux régions segmentées.

L'algorithme EGBIS dont le pseudo-code est décrit ci-dessous consiste à traiter chaque composante couleur séparément, puis à fusionner les segmentations résultantes. Le succès de cette méthode provient d'un seuillage adaptatif.

Algorithme 1 : Pseudo-code de l'algorithme de EGBIS

1. Simplifier l'image d'entrée en utilisant un filtre gaussien d'écart type σ.
2. Construire l'Arbre de Poids Minimum Recouvrant des pixels.
3. Utiliser le paramètre *k* du seuillage adaptatif pour fusionner les arêtes de l'arbre.
4. Eliminer les régions de moins de *min* pixels.

Soit G = $\{V, E\}$ un graphe non orienté de l'image où V désigne la liste des noeuds (pixels dans l'image) et E la liste des arêtes du graphe. Chaque couple de pixels voisins est connecté par une arête e $\in E$ pondérée par un poids w(e) mesurant leur similarité. L'algorithme EGBIS cherche à fournir une partition S = $\{C_1, C_2, ..., C_k\}$ de G, où chaque composante C_i, i = $\{1, ..., k\}$ est un Arbre de Poids Minimum Recouvrant (APMR) un ensemble de pixels connexes sur l'image. Chaque composante C_i est donc représentée par sa variation interne Int(C_i), c'est-à-dire par le poids w(e) le plus grand de C_i dans l'arbre des composantes.

$$Int(C_i) = w(e), avec \ e \in APMR(C_i, E) \quad (3.6)$$

Une variation externe notée Ext(C_i, C_j), permet de comparer les deux composantes C_i et C_j. Cette variation correspond au poids minimum des arêtes reliant C_i et C_j. L'algorithme EGBIS construit un Arbre de Poids Minimum Recouvrant du graphe en se basant sur l'algorithme de Kruskal [Cormen 1990] afin de calculer la partition finale. Les arêtes sont fusionnées par ordre de poids croissant. Un critère d'arrêt D(C_i,C_j) défini dans l'équation 3.7 est mis en place afin de contrôler le processus de croissance de régions :

$$D(C_i, C_j) = \begin{cases} 1 & si \ Ext(C_i, C_j) > min(Int(C_i) + \tau_i, Int(C_j) + \tau_j) \\ 0 & sinon \end{cases} \quad (3.7)$$

Selon [Felzenszwalb 2004], le seuil τ_i consiste à pénaliser le regroupement des grandes régions. La valeur de τ_i est proportionnelle à la taille de la région i, ie plus la taille de la région i est grande, plus la valeur de τ_i est faible ; $\tau_i = \frac{k}{|C_i|}$, où k est une constante et $|C_i|$

le nombre d'éléments de C_i. La partition S est dite trop fine si le critère d'arrêt D est faux entre deux régions adjacentes, ce qui revient à dire qu'elles doivent être regroupées. S est dite trop grossière s'il est possible de partitionner une des régions $\{C_i\}_{i=1,...,k}$ en une segmentation qui ne soit pas trop fine. Finalement la segmentation est dite correcte si elle n'est ni trop fine ni trop grossière.

L'algorithme EGBIS utilise un critère d'homogénéité $\mathcal{P}$ défini comme suit. Soient a_1 et a_2 les arêtes de poids maximum v_1 et v_2 dans deux régions C_1 et C_2 candidates à la fusion. Soit $a_{1,2}$ l'arête connectant les régions C_1 et C_2 et $v_{1,2}$ son poids respectif :

$$\mathcal{P}(C_i, C_j) = \begin{cases} vrai & si \ (v_{1,2} < v_1 + \frac{k}{|C_1|} \ et \ v_{1,2} < v_2 + \frac{k}{|C_2|}) \\ faux & sinon \end{cases} \quad (3.8)$$

Comme pour le cas de l'algorithme SRM, l'ordre de fusion utilisé est également dépendant du contenu de l'image.

3.3.3/ Mean-shift (MS)

L'une des techniques de segmentation les plus puissantes et robustes dans le domaine de la vision par ordinateur est l'algorithme Mean-shift (MS) [Fukunaga 1975], [Comanicu 2002]. Il s'agit d'une technique de classification non-supervisée, introduite par Fukunaga [Fukunaga 1975] puis remis au goût du jour par Comaniciu [Comanicu 2002] afin de l'exploiter à des fins de traitement d'images. Depuis, nombreux sont les domaines d'application du Mean-shfit : la segmentation vidéo [McGuinness 2007], [Chen 2011], [Deilamani 2011], le traitement d'images médicales [Jinghua 2011], [Zhou 2011], la reconnaissance d'objets [Chen 2008], [Jia 2010], etc. Les applications de télédétection intégrant le Mean-shfit sont également nombreuses et concernent la détection/extraction des objets d'intérêt dans des images aériennes et satellites tels que des bâtiments [Hazelhoff 2011], [Shi 2011], des réseaux routiers [Rajeswari 2011], des parkings [Kabak 2010], etc.

Le processus du Mean-shift est constitué de deux grandes étapes détaillées ci-après : un filtrage des données de l'image originale dans l'espace de caractéristiques, et un groupement ultérieure des points de données filtrées.

Filtrage Mean-Shift : Soit un échantillon de n points $\{x_1, x_2, ..., x_n\}$ dans un espace euclidien $\Re^d$ de dimension d, répartis suivant une certaine distribution de probabilité. La densité de la distribution des échantillons est estimée en tout point $x \in \Re^d$, par la fonction $\widehat{f_k}(x)$ suivante :

$$\widehat{f_k}(x) = \frac{1}{nh^d} \sum_{i=1}^{n} K(\frac{x - x_i}{h}) \quad (3.9)$$

où h, appelé le paramètre de bande passante, est le rayon constant et K est une fonction scalaire. En pratique, on utilise souvent le noyau d'Epanechnikov défini par :

$$K_E(x) = \begin{cases} \frac{1}{2}c_d^{-1}(d+2)(1-\|x\|^2) & si\ \|x\|^2 < 1 \\ 0 & sinon \end{cases} \qquad (3.10)$$

où c_d désigne le volume de la sphère unité dans R^d.

Le gradient de l'estimation de densité $\nabla \widehat{f_{Kg}}(x)$ est calculé afin de rechercher les zones de forte densité dans l'espace.

$$\nabla \widehat{f_{Kg}}(x) = \frac{n_x}{nh^d c_d} \frac{d+2}{h^2} \left[\frac{1}{n_x} \sum_{x_i \in S_h(x)} (x - x_i) \right] \qquad (3.11)$$

où $S_h(x)$ est l'hypersphère contenant n_x points, centrée en x et caractérisée par sa dimension d, son rayon h et son volume $h^d c_d$. $S_h(x)$ est appelé *noyau uniforme*. Si l'on utilise les notations suivantes :

$$M_h(x) = \left[\frac{1}{n_x} \sum_{x_i \in S_h(x)} x_i \right] - x \qquad (3.12)$$

$$f_U(x) = \frac{n_x}{nh^d v_u} \qquad (3.13)$$

on a :

$$M_h(x) = \frac{h^2}{d+2} \frac{\nabla \widehat{f_E}(x)}{f_U(x)} \qquad (3.14)$$

$f_U(x)$ définit l'estimation de densité avec le noyau uniforme de rayon h et $M_h(x)$ est appelé vecteur Mean-Shift.

L'algorithme Mean-Shift comprend quatre étapes données par l'algorithme 2. Il s'agit d'une procédure itérative simple convergeant vers les points de plus forte densité.

Algorithme 2 : Etapes principales de la procédure de filtrage par Mean-Shift

1. Sélection aléatoire de n points $x_1, x_2, ..., x_n$ dans l'espace R^d
2. Calcul du vecteur Mean-Shift $M_h(x_i)$ pour chaque point x_i, i = 1, . . . , n
3. Translation de chaque point x_i avec la quantité $M_h(x_i)$
4. Retour au point 2)

Segmentation Mean-Shift : La procédure de segmentation Mean-Shift considère l'image comme un treillis bi-dimensionnel de pixels et caractérise chaque point x_i par cinq coordonnées spatio-chromatiques : deux coordonnées spatiales, associées à la position des pixels, et trois valeurs chromatiques dans les plans RGB de l'image. Les données filtrées (points de convergence) sont regroupées en régions selon une distance euclidienne nécessitant un seuil fournit par l'utilisateur. La qualité de segmentation par Mean-Shift dépend grandement de celle de l'image obtenue après filtrage. Il faut donc itérer le filtrage Mean-Shift de manière à accentuer son effet avant l'étape de fusion, et par conséquent améliorer la qualité de la segmentation. A chaque itération, une image est construite en affectant à chaque pixel les composantes d'amplitude des points de convergence. L'algorithme 3 illustre un pseudo code du processus de segmentation par Mean-shift.

L'algorithme Mean-shift requiert trois paramètres : min, hs et hr. Le paramètre min qui sert à donner une taille minimale aux régions segmentées. Il est à noter que les contours et les petites régions sont conservés après le filtrage. Le nombre et la taille des régions résultantes sont contrôlés par le couple de paramètres de bande passante hs et hr :

- Le paramètre de résolution spatiale hs affecte le lissage, la connectivité des segments (choisis en fonction de la taille de l'image) et les objets.

- Le paramètre de résolution couleur hr affecte le nombre de segments qui devrait être maintenu bas si le contraste est faible.

Algorithme 3 : Pseudo-code de l'algorithme de segmentation Mean-shift
---
1. Recherche des modes par filtrage Mean-Shift préservé discontinu (lissage discontinu).
2. Segmentation par délimitation des modes.

- Fusionner et discrétiser les régions. Un remplissage par huit-connexité est effectué afin d'affecter les pixels à leurs modes.

- Appliquer une fermeture transitive de manière itérative aux régions.

- Eliminer les régions de moins de min pixels.

3.3.4/ Color Structure Code CSC

L'algorithme Color Structure Code (CSC) introduit par Rehrmann et Priese [Rehrmann 1998] a été développé et appliqué dans un premier temps à la segmentation de scènes provenant d'une caméra installée sur une voiture en mouvement en vue de reconnaître en temps réel les panneaux routiers. Le CSC est aussi largement utilisé dans diverses applications traitant des images 3D [Sturm 2002], [Sturm 2003], [Sturm 2004], des images médicales [Sturm 2006], de la vidéo [Rehrmann 1998], [Ikeda 2003], des images de télédétection [Mullera 2004], [Busch 2004], [Haitao 2007], etc.

Le CSC est un algorithme classé dans la catégorie "split and merge" et est particulièrement efficace et robuste. Il combine une étape d'information locale dans le processus de fusion (merge) et d'une évaluation globale de l'information à l'étape de division (split), visant à segmenter les régions ayant la plus forte similarité. Le processus de segmentation de CSC est contrôlé par un seul paramètre t qui définit la distance couleur minimale autorisée entre les vecteurs couleurs similaires. Contrairement au SRM et au EGBIS, le CSC est complètement parallélisable et ne dépend pas d'un ordre de traitement de l'image, il est indépendant du sens de balayage de l'image.

L'algorithme CSC repose sur une topologie hiérarchique hexagonale de l'image. La topologie hiérarchique est constituée d'ilots hexagonaux disposés à différents niveaux. Les ilots de niveau 0 sont des groupements hexagonaux de 7 pixels (cf. figure 3.1). Un ensemble de 7 ilots de niveau 0 forme un ilot de niveau 1, etc. Le processus de la topologie hiérarchique est récursif et consiste à former les ilots de la même manière que les pixels constituant un ilot de niveau 0, c'est-à-dire qu'un ilot de niveau n+1 est constitué de 7 ilots de niveau n disposés hexagonalement (cf. figure 3.1). Le processus de construction des ilots s'arrête lorsqu'un ilot recouvre toute l'image. Le nombre d'ilots décroît d'un facteur 4 d'un niveau à l'autre.

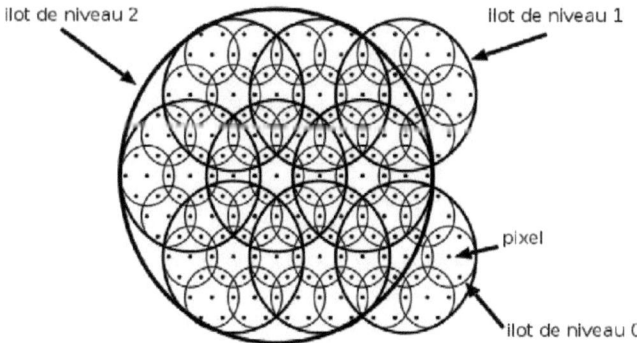

FIGURE 3.1 – Algorithme CSC : Structure hiérarchique hexagonale. [Baillie 2003]

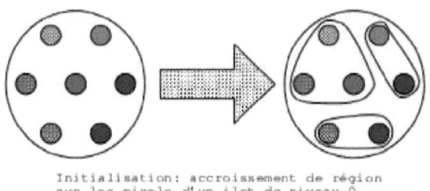

Initialisation: accroissement de région sur les pixels d'un ilot de niveau 0

FIGURE 3.2 – Algorithme CSC : Phase d'initialisation. [Baillie 2003]

Lors de la phase d'initialisation de l'algorithme, une croissance de régions est appliquée de manière locale et en parallèle dans chaque ilot de niveau 0. A l'issue de cette première étape, entre 1 et 7 régions, nommées "éléments", de niveau 0 sont construites dans chaque ilot (cf. figure 3.2). Les éléments de niveau n sont par la suite regroupés récursivement en éléments de niveau n+1 selon un critère de distance calculée dans l'espace HSV. Pour éviter l'agglomération des ilots de couleurs localement proches et variant de façon importante à plus grande échelle, une étape de découpage est effectuée simultanément à la phase de regroupement. L'analyse au niveau n est une analyse globale des propriétés colorimétriques des éléments de niveau n-1. Grâce à ce traitement, des régions de couleurs différentes ne seront pas connectées lorsqu'une longue chaîne de pixels relie la première région à la deuxième.

Tout comme la plupart des algorithmes développés dans le cadre de la segmentation d'images, la qualité de la segmentation obtenue par l'algorithme Color Structure Code est susceptible d'être influencée par le bruit présent dans l'image. Pour palier ce problème, et donc, améliorer les performances de la segmentation, l'algorithme CSC utilise au préalable une étape de simplification pour atténuer le bruit affectant l'image. Pour ce faire, les auteurs utilisent le filtre SNN (Symmetric Nearest Neighbor) introduit par Pietikainen et Harwood [Pietikainen 1986].

Le lecteur pourra, s'il le désire, obtenir de plus amples détails sur les différentes étapes (initialisation, phase de groupement, phase de découpage, pré-traitement par filtrage SNN, etc) de l'algorithme CSC dans [Baillie 2003]. L'algorithme 4 illustre un pseudo code du processus de segmentation par Color Structure Code.

Algorithme 4 : Pseudo-code de l'algorithme de CSC
1. Pré-traitement : Appliquer un filtrage SNN pour atténuer le bruit affectant l'image.
2. Initialisation : Appliquer un algorithme de croissance de régions pour construire des éléments dans chaque îlot de niveau 0
3. Phase de groupement : Regrouper les éléments de niveau n pour construire les éléments de niveau n+1 de manière récursive selon un critère de distance.
4. Phase de découpage : Vérifier la non-agglomération des îlots de couleurs localement proches.

3.3.5/ JSEG UNSUPERVISED SEGMENTATION

Une autre technique de segmentation dont la robustesse n'est plus à démontrer est la méthode de segmentation non supervisée Jseg (Jseg unsupervised segmentation algorithm) introduite par Deng et Manjunath [Deng 2001]. Cet algorithme a été conçu pour segmenter des images ou des séquences vidéo contenant des régions monochromes ou couleur. Plusieurs auteurs démontrent que la méthode Jseg est une technique de segmentation puissante ayant fait ses preuves dans divers domaines d'application, comme par exemple le traitement d'images médicales [Chang 2007], [Caliman 2011], la segmentation vidéo [Deng 2001], [Han 2004], [Cote 2007], la reconnaissance d'objets [Huang 2010], [Fu 2010] etc. L'algorithme Jseg est également largement utilisé dans le domaine de la télédétection. Nous pouvons par exemple citer l'extraction de zones de forêts à partir d'images aériennes, satellites couplées à des données LiDAR [Wang 2006], [Wang 2007a], [Wang 2007b], de couronnes d'arbres [Li 2008c], de zones de bâtiments [Song 2008], etc.

L'idée de base de l'algorithme Jseg est de séparer le processus en deux étapes distinctes à savoir une quantification couleur (processus de réduction du nombre de couleurs distinctes dans l'image) et une segmentation spatiale basée sur une fusion de régions selon un critère de couleur (cf. figure 3.3). L'algorithme Jseg est piloté par trois paramètres. Le premier, noté m, correspond au seuil d'homogénéité (en terme de moyenne de couleurs) de fusion entre les régions adjacentes ($0 \leq m \leq 1$). Le second paramètre, noté q, est le seuil de quantification, qui précise le nombre maximal de classes de couleurs ($0 \leq q \leq 600$). Le troisième paramètre, noté l, précise le nombre d'échelles de segmentation à utiliser pour une meilleure extraction de la texture.

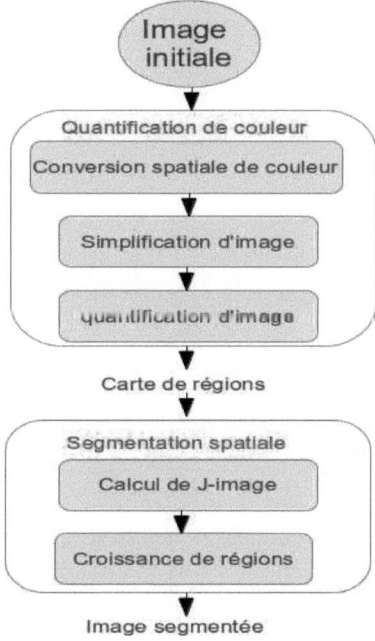

FIGURE 3.3 – Synopsis récapitulatif du processus de segmentation Jseg.

La quantification couleur consiste à restreindre le nombre de couleurs présentes dans l'image. Plus exactement, une image codée sur 24 bits peut contenir des milliers de couleurs, ce qui est lourd à gérer lors de l'étape de segmentation. Le rôle de la quantification est alors de réduire ce nombre de couleurs à quelques tonalités dominantes pour conserver une bonne représentation de l'image initiale.

La première étape dans le processus de quantification couleur consiste à simplifier l'image originale et réduire le bruit par l'utilisation d'un algorithme non linéaire nommé PGF (Peer Group Filtering) introduit par Deng et al. [Deng 1999]. Les paramètres statistiques locaux obtenus après ce filtrage par PGF sont employés comme des poids :

les zones texturées sont affectées de poids plus faibles et les zones lisses de poids plus grands. Les couleurs sont par la suite quantifiées dans l'espace perceptuel CIELUV par application de l'algorithme de Lloyd Généralisé (GLA) [Linde 1980]. Les couleurs d'écart colorimétrique inférieur à un seuil sont regroupées au sein d'une même région. Finalement, l'image quantifiée est calculée en attribuant à chaque pixel l'étiquette qui correspond à sa couleur initiale.

La segmentation spatiale de l'image quantifiée est effectuée en considérant la répartition des étiquettes. Le critère d'homogénéité utilisé s'inspire du discriminant de Fisher [Duda 1970] : soient I l'image quantifiée en K classes I_i avec i = {1, ..., K}, p = (x, y) $\in I$ un pixel donné, g le centre de gravité des pixels de I, et g_i les centres de gravité des pixels de chaque classe I_i. Le critère de segmentation J est défini comme suit :

$$J = \frac{S_T - S_W}{S_W} \quad (3.15)$$

où S_T et S_W sont définis par :

$$S_T = \sum_{p \in I} \|p - g\|^2 \quad (3.16)$$

$$S_W = \sum_{i=1}^{K} \sum_{p \in I_i} \|p - g_i\|^2 \quad (3.17)$$

Selon [Deng 1999], la variable S_W mesure les dispersions spatiales des pixels qui portent la même étiquette. Le critère de segmentation J confronte les dispersions inter et intra classes et reflète donc l'homogénéité de l'image. Plus la valeur de J est élevée, plus l'image comporte des régions de couleurs homogènes. Ce processus donne naissance à une image nommée J-image dont les valeurs les plus faibles de J sont au centre des régions homogènes, alors que les plus élevées dessinent les frontières des régions. La J-image est ensuite segmentée en régions homogènes par un algorithme de croissance de régions suivi d'une étape de fusion de régions afin de palier au problème de sursegmentation. La croissance de régions est effectuée à partir de germes calculés après seuillage des valeurs de J. Le processus se poursuit jusqu'à ce qu'un seuil maximal de distance couleur soit atteint entre deux régions adjacentes.

3.3.6/ LIGNE DE PARTAGE DES EAUX (LPE)

La Ligne de Partage des Eaux (LPE ou watershed en anglais) est l'outil de segmentation d'images de la morphologie mathématique par excellence. Son origine n'est pas purement issue de cette discipline, elle a été étudiée dès le 19ème siècle par Maxwell [Maxwell 1870] et Jordan [Jordan 1872] pour l'intérêt qu'elle apporte dans le domaine de la topographie. Elle a aussi été étudiée par Digabel et Lantuéjoul [Digabel 1978] pour des données binaires, puis par Beucher et Lantuéjoul [Beucher 1979] à des fins de segmentation d'images niveaux de gris.

Cette technique reconnue est encore très largement utilisée dans de nombreuses applications, telles que le tracking vidéo [Xiang 2007], [Baran 2012], le traitement d'images médicales [Freiman 2012], [Latha 2012], [Jie 2012], les images 3D [Chae 2012], [Floriani 2012], la reconnaissance des expressions faciales [Pantic 2002], [Yazid 2008], en imagerie multispectrale [Noyel 2007], etc. En télédétection, la LPE est aussi largement utilisée notamment pour l'extraction d'objets d'intérêt tels que des bâtiments [Khoshelham 2005], [Wei 2010], des réseaux routiers [Geraud 2003], des cimes d'arbres [Wang 2004], [Wang 2010a], ou encore l'analyse des dégâts sur les bâtiments [Sumer 2004], etc.

De nombreux travaux de recherche rapportés dans la littérature se sont également intéressés à l'amélioration de cet algorithme, soit au niveau de l'implémentation, de la mise en oeuvre matérielle [Klein 1995], de l'accélération du temps de calcul ou de la parallélisation.

Le but ici n'étant pas d'expliciter les détails algorithmiques de la LPE, nous allons présenter des descriptions plus intuitives basées sur l'analogie avec l'inondation d'une surface pour faire référence au terme anglais "watershed". La transformation par LPE se définit par rapport à un processus d'inondation qui consiste à partitionner l'image en différentes zones homogènes appelées "bassins versants". Plus exactement, l'image peut être perçue comme une surface (un relief) topographique, contenant des monts, des plateaux et des vallées. La valeur de niveau de gris d'un pixel est interprétée comme son altitude dans la surface topographique. Les pixels sombres (de faible gradient) correspondent donc aux vallées et bassins du relief alors que les pixels clairs (de gradient plus fort) correspondent aux collines et lignes de crêtes.

La transformation morphologique par LPE consiste alors à diviser cette surface topographique en différents bassins séparés par des Lignes de Partage des Eaux en faisant appelle au principe d'immersion. L'idée de base est de percer le relief au niveau des bassins de capture et de l'immerger progressivement dans l'eau. A l'issue de ce processus, une fois que deux bassins de rétention se rencontrent (suite à une inondation à partir des minimas locaux du relief), un barrage est créé pour les séparer. L'ensemble de ces barrages forment Les Lignes de Partage des Eaux. Un exemple des reliefs et des régions obtenues par cet algorithme est présenté sur la figure 3.4. Les lignes verticales rouges symbolisent la frontière entre les différents bassins.

L'implémentation la plus populaire de l'algorithme de la LPE est celle développée par Vincent & Soille et qui consiste à remplir progressivement les bassins versants à partir de minima, pour déterminer leurs limites [Vincent 1991], [Roerdink 2001], faisant appel à des files d'attente simples triées. Une autre implémentation introduite par Meyer [Meyer 1991], [Roerdink 2001], est basée sur l'utilisation de fonctions de distances géodésiques (distance topographique) et sur l'utilisation de files d'attente hiérarchiques.

Nous tenons à informer le lecteur que nous reviendrons plus en détails sur cette technique de segmentation en précisant le principe, les avantages, les inconvénients et les deux implémentations citées ci-dessus (de Meyer et de Vincent & Soille) dans les chapitres 4 et 5. Néanmoins, le lecteur désireux de se lancer dans une revue des méthodes et interprétations possibles de la LPE pourra se référer par exemple à l'article de

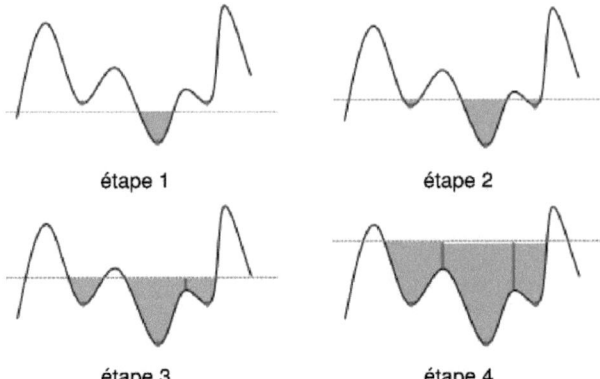

FIGURE 3.4 – LPE-Les différentes étapes d'inondation d'un relief. Les minimas locaux du relief (points rouges) représentent les sources d'inondation. La ligne grise est la hauteur d'inondation, et les lignes verticales rouges, représentent les barrages entre les différentes sources.

Roerdink et Meijster [Roerdink 2001].

3.4/ Conclusion

Dans ce chapitre, nous avons présenté un état de l'art de quelques méthodes de segmentation en régions issues de la littérature. Ces méthodes trouvent de nombreuses applications, notamment en télédétection. Nous avons décrit leur principe de fonctionnement, les étapes algorithmiques ainsi que les différents paramètres nécessaires au pilotage du processus de segmentation. Nous avons mis le focus sur ces méthodes pour leur efficacité à segmenter des images couleur et texturées issues de différents capteurs et de différentes scènes naturelles. Nous avons vu que ces approches ont été largement appliquées dans le domaine de la télédétection, notamment pour la détection du bâti, des réseaux routiers, des zones de végétation, pour l'analyse de dégâts, etc. Cependant, aucune n'a été utilisée pour la segmentation de toitures à partir d'orthophotoplans.

Il ressort de ce chapitre et d'une manière plus générale de la littérature que le choix d'une méthode de segmentation dépend de l'application visée et du type de données disponibles en entrée. La performance d'une technique de segmentation dans un domaine donné ne traduit pas nécessairement sa performance dans tout les domaines. En effet, nous verrons dans le chapitre 6, que les différentes méthodes décrites dans ce chapitre, ne donnent pas des résultats satisfaisants au vue de l'application visée à savoir la détection des éléments d'une toiture (chiens assis, fenêtre, pans, cheminée, etc.). La suite du manuscrit développe une nouvelle méthode permettant de segmenter des images de toitures à partir d'orthophotoplans. Cette méthode est basée sur une stratégie de coopération entre la LPE-régions et la LPE-contours.

4

SIMPLIFICATION D'ORTHOPHOTOPLANS PAR UN COUPLE INVARIANT/GRADIENT APPROPRIÉ

4.1/ INTRODUCTION

COMME nous l'avons évoqué dans le chapitre précédent, dans un contexte de segmentation d'images, il est important d'utiliser tous les moyens et outils reconnus efficaces pour faciliter l'interprétation de l'image et donc aboutir à une meilleure segmentation de celle-ci. De nombreux travaux de recherche rapportés dans la littérature tendent à démontrer l'apport de la couleur dans le domaine de vision par ordinateur et en particulier en segmentation d'images. En général, nous supposons que les différentes couleurs présentes dans l'image correspondent principalement aux différentes orientations et propriétés de réflexion des surfaces des objets observés ainsi qu'à la présence d'ombres. Les méthodes de segmentation analysent ces couleurs afin de distinguer les différents objets d'intérêt qui composent une scène observée par une caméra couleur. Les performances de la plupart des méthodes de segmentation couleur sont hautement dépendantes de l'espace de représentation couleur qu'elles exploitent, bien qu'elles utilisent dans la majorité des cas l'espace RGB. Pour un algorithme de segmentation donné, il est important de tenir compte de sa capacité à distinguer les différentes couleurs et de sa robustesse vis-à-vis des changements de luminosité, ombres, etc. Nous verrons donc dans ce chapitre, que l'utilisation d'espaces couleur ou d'invariants colorimétriques adaptés permet d'obtenir une segmentation fiable des différents objets d'intérêt de la toiture (cheminées, pans, chiens assis, fenêtres, etc.) qu'ils soient sur/sous exposés ou avec des ombres portées.

Dans ce chapitre, il s'agit de choisir une représentation couleur qui garantit une segmentation fidèle des objets d'intérêt de la toiture. Nous proposons alors une étude comparative de différents invariants colorimétriques afin de pouvoir définir celui qui semble le plus adapté pour notre application. La méthode de segmentation choisie étant la LPE, nous proposons également d'optimiser les deux images utilisées en entrée (l'image de gradient et l'image de germes) qui se trouvent être fortement corrélées à l'image simplifiée par l'invariant colorimétrique. Nous proposons alors, une autre étude comparative sur différents gradients. Ainsi, nous pourrons définir le couple invariant/gradient le mieux approprié pour notre application.

Ce chapitre est organisé comme suit : nous commençons par justifier l'apport d'invariants colorimétriques dans le cadre de notre application, puis dressons un état de l'art sur les principaux invariants utilisés dans la littérature. Nous abordons ensuite un descriptif de quelques méthodes de calcul de gradients couleur et niveaux de gris. Nous terminons ce chapitre en présentant la stratégie de sélection du meilleur couple invariant/gradient permettant d'assurer une bonne simplification de l'image avant l'étape de segmentation par la LPE. L'évaluation des résultats a été réalisée sur l'ensemble des imagettes de toitures de la base de tests en utilisant le critère de Vinet [Vinet 1991] et donc avec une vérité terrain.

4.2/ INVARIANTS COLORIMÉTRIQUES

4.2.1/ PROBLÉMATIQUE

Comme indiqué précédemment, la couleur constitue une source d'information puissante dans le domaine de vision par ordinateur, et en particulier dans la reconnaissance d'objets et la recherche d'images par le contenu [Schaefer 2004]. Néanmoins, les indices de couleur ne sont pas toujours aussi utiles que l'on pourrait s'y attendre. Par exemple, la plupart des systèmes couleur classiques existants ne sont pas en mesure de reconnaître des objets similaires qui ne diffèrent que par la luminosité. Ceci est justifié par le fait que la couleur perçue d'un objet n'est jamais parfaitement uniforme et dépend fortement des conditions d'éclairage (la couleur de l'illuminant, son intensité, sa direction) et d'observation [Cheng 2006]. Afin de palier au problème de changement d'éclairage, divers invariants colorimétriques ont été introduits. Ceci permet notamment d'obtenir une invariance des couleurs d'un objet par rapport : i) à la géométrie de la scène (ie par rapport aux positions relatives capteur-éclairage-objet), ii) aux changements d'intensité de la source et iii) aux changements de couleur de l'illuminant utilisé (constance couleur).

Durant ces dernières années, l'invariance couleur a suscité beaucoup d'intérêt et continue à intéresser le domaine de la vision par ordinateur. Au delà des applications de reconnaissance d'objets où l'utilisation d'invariants colorimétriques s'avère la plus intéressante [Gevers 1997b], [Gevers 2001], [Lin 2002], [Gevers 1996], nous pouvons citer d'autres exemples où l'utilisation de ces derniers a été justifiée. L'invariance couleur a par exemple été utilisée pour améliorer le suivi de points d'intérêt dans les images couleur [Gouiffès 2005], pour des tâches de mise en correspondance d'images [Gevers 1999], pour l'estimation de mouvement dans des séquences vidéo [Golland 1997], pour l'extraction d'attributs et la ré-identification de personnes dans des environnements de transport [Cong 2010], pour la détection de bâtiments dans des images aériennes [Sirmacek 2008], etc. La segmentation d'images quant à elle, constitue par excellence un domaine d'application où l'invariance couleur peut être largement utilisée. En effet, la segmentation d'images peut être améliorée, en termes de fidélité aux objets, par l'utilisation d'invariants colorimétriques. Nous pouvons notamment citer les travaux précurseurs de Healey [Healey 1992], ou les travaux plus récents de [Gevers 1997a], [Gevers 1998], [Geusebroek 2000] et [Gevers 2002].

Dans le cadre des travaux réalisés dans cette thèse, nous disposons d'une base d'images (orthophotoplans) présentant une certaine hétérogénéité en termes d'illuminations, ombres, etc. Nous pensons alors que la segmentation/caractérisation des différents objets constituant la toiture peut être améliorée par l'utilisation d'un invariant colorimétrique adapté. Nous rejoignons donc la stratégie de certains auteurs en pré-traitant l'image par un invariant colorimétrique avant de procéder à une segmentation de l'image par LPE ([Gevers 1997a], [Gevers 1999], [Gouiffès 2005], [Cong 2010]). Avant de procéder à une série de tests déterminant le meilleur couple invariant/gradient pour notre application, rappelons les principaux invariants et gradients utilisés dans la littérature.

4.2.2/ LES DIFFÉRENTS INVARIANTS COLORIMÉTRIQUES

Dans cette partie, nous proposons de dresser un état de l'art des transformations de couleur locales, couramment appelées invariants colorimétriques, permettant d'obtenir des caractéristiques couleur invariantes. Nous dénombrons 24 invariants colorimétriques. Il ne s'agit pas ici d'être exhaustif mais d'avoir un pannel suffisamment représentatif des invariants colorimétriques utilisés dans la littérature. Ils peuvent être classés comme suit :
i) espaces tridimensionnels composés de trois composantes couleur (X, Y, Z), ii) espaces bidimensionnels composés de deux composantes couleur (X, Y), ou iii) unidimensionnels composés que d'une seule composante couleur X.

4.2.2.1/ ESPACE RGB

L'espace RGB (Red, Green, Blue ou RVB en français) est de loin l'espace le plus répandu, notamment pour l'acquisition des images numériques couleur. Il s'agit d'un système additif [le noir correspond à l'absence de couleur et le blanc à la combinaison des trois couleurs primaires] défini à partir des trois composantes couleur de base rouge, verte et bleue. De toute évidence, cet espace n'a aucune propriété d'invariance. Nous le considérons ici parce qu'il constitue une référence à laquelle les autres représentations dérivées peuvent être comparées.

4.2.2.2/ NORMALISATION DE GREYWORLD

La normalisation Greyworld telle que décrite dans [Buchsbaum 1980] consiste à diviser la valeur de chaque pixel par la moyenne des valeurs des pixels de l'image comme le montre l'équation 4.1.

$$R' = \frac{R}{mean(R)} \; , \; G' = \frac{G}{mean(G)} \; , \; B' = \frac{B}{mean(B)} \qquad (4.1)$$

avec :

$$mean(R) = \frac{1}{N*M} \sum_{i=0}^{N-1} \sum_{j=0}^{M-1} r_{ij},$$

$$mean(G) = \frac{1}{N*M} \sum_{i=0}^{N-1} \sum_{j=0}^{M-1} g_{ij}, \qquad (4.2)$$

$$mean(B) = \frac{1}{N*M} \sum_{i=0}^{N-1} \sum_{j=0}^{M-1} b_{ij}$$

où r_{ij}, g_{ij} et b_{ij} sont respectivement les valeurs des pixels au rang (i,j) de la composante rouge, verte et bleue. M et N représentent respectivement le nombre de lignes et de colonnes de l'image.

4.2.2.3/ RGB-Rang

Pour l'espace RGB-rang, les auteurs proposent de caractériser les pixels de l'image couleur par leur mesure de rang colorimétrique, de manière à obtenir une nouvelle représentation qui serait insensible à l'éclairage [Hordley 2005]. Pour ce faire, et pour chaque composante I^k de l'image, les pixels-objet sont triés dans l'ordre croissant de leur niveau. La mesure de rang colorimétrique notée $Rc^k[I](P)$ du pixel-objet P dans la composante I^k correspond au nombre de pixels ayant le niveau de gris égal à celui du pixel P dans l'histogramme de l'image I^k.

Pour chaque pixel-objet P, la mesure de rang colorimétrique $Rc^k[I](P)$ dans l'image I^k peut être exprimée à partir de l'histogramme monodimensionnel $H^k[I]$ comme présenté dans l'équation ci-dessous :

$$Rc^k[I](P) = \frac{\sum_{u=0}^{C^k(P)} H^k[I](u)}{\sum_{u=0}^{Q-1} H^k[I](u)}, \quad k = R, G, B; \qquad (4.3)$$

où Q indique le nombre de niveaux de quantification (généralement égal à 256), et $H^k[I](u)$ est le nombre de pixels-objet dont le niveau est égal à u dans l'image I^k.

4.2.2.4/ Normalisation Affine

La normalisation Affine [Fusiello 1999] a été introduite afin d'améliorer le suivi des caractéristiques par des statistiques robustes. Cette normalisation assure l'invariance par rapport aux changements affines d'illumination et permet d'obtenir l'invariance au modèle diagonal avec translation, comme indiqué dans l'équation 4.4.

$$f^K(p) = \frac{I^K(p) - mean(I^K(p))}{std(I^K(p))}, K = R, G, B, \qquad (4.4)$$

avec $std(I^K)$ est l'écart-type de $f^K(p)$ calculé dans une fenêtre d'intérêt $\mathcal{W}$ centrée sur le pixel p.

4.2.2.5/ Espace Chromatique

L'espace chromatique ou l'espace RGB normalisé, est apprécié en analyse d'images car il permet de s'affranchir des variations d'intensité lumineuse. Les couleurs définies dans cet espace (cf. equation 4.5) sont indépendantes de l'intensité, et donc indépendantes de la géométrie de l'image (la position des objets et de la source de lumière) et des effets d'ombrage [Hordley 2002].

$$r = \frac{R}{R+G+B}$$
$$g = \frac{G}{R+G+B} \quad (4.5)$$
$$b = \frac{B}{R+G+B}$$

4.2.2.6/ Normalisation Comprehensive

Finlayson et al. ont proposé dans leur travaux un algorithme itératif de normalisation pour obtenir une invariance aux changements internes mais aussi externes de la source [Finlayson 1998]
Les deux normalisations assurées par les équations 4.7 et 4.8 sont appliquées de manière itérative jusqu'à ce que les changements entre l'itération t et $t + 2$ soient inférieurs à un certain seuil. A l'issue de ce processus, les valeurs des pixels de l'image sont normalisées dans la gamme [0, 1]. Les différentes étapes de cet algorithme sont illustrées sur les équations 4.6, 4.7 et 4.8 :

1. $I_0 = I$ Initialisation
2. $I_{i+1} = \mathcal{G}(C(I_i))$ Itération   (4.6)
3. $I_{i+1} = I_i$ Condition d'arrêt

Où $C(I)$ et $\mathcal{G}(I)$ représentent respectivement la normalisation de l'image I par l'espace chromatique et par la normalisation de Greyworld.

étape 1 :

$$(r_{ij}, g_{ij}, bij) = \left(\frac{r_{ij}}{r_{ij}+g_{ij}+b_{ij}}, \frac{g_{ij}}{r_{ij}+g_{ij}+b_{ij}}, \frac{b_{ij}}{r_{ij}+g_{ij}+b_{ij}} \right) \quad (4.7)$$

étape 2 :

$$(r_{ij}, g_{ij}, bij) = \left(\frac{r_{ij}}{3*mean(R)}, \frac{g_{ij}}{3*mean(G)}, \frac{b_{ij}}{3*mean(B)} \right) \quad (4.8)$$

avec :

$$mean(R) = \frac{1}{N*M} \sum_{i=0}^{N-1} \sum_{j=0}^{M-1} r_{ij},$$

$$mean(G) = \frac{1}{N*M} \sum_{i=0}^{N-1} \sum_{j=0}^{M-1} b_{ij}, \qquad (4.9)$$

$$mean(B) = \frac{1}{N*M} \sum_{i=0}^{N-1} \sum_{j=0}^{M-1} b_{ij}$$

M et N sont respectivement la largeur et la hauteur de l'image et (r_{ij},b_{ij},g_{ij}) représente les valeurs du pixel au rang (i,j) dans les composantes rouge, verte et bleue.

4.2.2.7/ Espace $c_1 c_2 c_3$

Dans [Gevers 1997b], les auteurs introduisent un nouvel espace d'attributs invariants, nommé $c_1 c_2 c_3$, dédiés aux matériaux diélectriques, inhomogènes et opaques. Gevers et al. proposent alors d'exprimer les caractéristiques de couleur invariantes $c_1 c_2 c_3$ de la manière suivante :

$$\begin{aligned} c_1 &= \arctan\left(\frac{R}{max\{G,B\}}\right) \\ c_2 &= \arctan\left(\frac{G}{max\{R,B\}}\right) \\ c_3 &= \arctan\left(\frac{B}{max\{R,G\}}\right) \end{aligned} \qquad (4.10)$$

La fonction max utilisée ici indique le maximum des niveaux d'un même pixel pour deux composantes données.

4.2.2.8/ Espace $m_1 m_2 m_3$

Pour les mêmes raisons que ci-dessus, Gevers et Smeulders [Gevers 1999] définissent aussi l'espace $m_1 m_2 m_3$ qui présente la propriété d'invariance aux illuminants "colorés" :

$$\begin{aligned} m_1 &= log\left(\frac{RG_{moy}}{R_{moy}G}\right) \\ m_2 &= log\left(\frac{RB_{moy}}{R_{moy}B}\right) \\ m_3 &= log\left(\frac{GB_{moy}}{G_{moy}B}\right) \end{aligned} \qquad (4.11)$$

où X_{moy} correspond à la moyenne sur la composante X des pixels du voisinage du pixel considéré. Notons que les m_i sont proches de 0 quand la couleur est homogène dans le voisinage du pixel central.

4.2.2.9/ Espace $l_1 l_2 l_3$

Gevers et Smeulders [Gevers 1997b] proposent un nouvel ensemble d'attributs invariants à la géométrie de la scène. L'espace $l_1 l_2 l_3$ est défini comme suit :

$$l_1 = \frac{(R-G)^2}{(R-G)^2 + (R-B)^2 + (G-B)^2}$$
$$l_2 = \frac{(R-B)^2}{(R-G)^2 + (R-B)^2 + (G-B)^2} \qquad (4.12)$$
$$l_3 = \frac{(G-B)^2}{(R-G)^2 + (R-B)^2 + (G-B)^2}$$

Notons que les l_i tendent vers 0 si pour un pixel donné R=G=B. Dans [Gevers 1999], les auteurs montrent que les attributs $l_1 l_2 l_3$ s'avèrent pertinents pour la reconnaissance d'objets par mise en correspondance d'histogrammes couleur sous la contrainte d'une source de lumière blanche.

4.2.2.10/ Attributs $l_4 l_5 l_6$

Gevers et Smeulders [Gevers 2000] introduisent les attributs $l_4 l_5 l_6$ dans un cadre de recherche d'images par le contenu. Ces attributs présentent la propriété d'invariance pour une surface brillante. Les composantes (l_4, l_5, l_6) sont calculées à partir des équations suivantes :

$$l_4 = \frac{|R-G|}{|R-G| + |G-B| + |B-R|}$$
$$l_5 = \frac{|R-B|}{|R-G| + |G-B| + |B-R|} \qquad (4.13)$$
$$l_6 = \frac{|G-B|}{|R-G| + |G-B| + |B-R|}$$

4.2.2.11/ Attributs $c_4 c_5 c_6$

Les attributs $c_4 c_5 c_6$ sont couramment utilisés pour la normalisation de la luminosité [Jan 2005]. Ils sont indépendants de l'angle d'observation, l'intensité, la direction de l'éclairage, ainsi que l'orientation de la surface de l'objet.

$$c_4 = \frac{R-G}{R+G}$$
$$c_5 = \frac{R-B}{R+B} \qquad (4.14)$$
$$c_6 = \frac{G-B}{G+B}$$

4.2.2.12/ MaxRGB Normalization

Par analogie avec la normalisation de Greyworld, la normalisation MaxRGB [Land 1986] normalise les valeurs des pixels de l'image par un pixel de référence (le pixel ayant la valeur maximale dans l'image) afin que l'image normalisée soit invariante à l'illumination de la scène.

$$\frac{R}{Max(R)}\\\frac{G}{Max(G)}\\\frac{B}{Max(B)} \quad (4.15)$$

4.2.2.13/ Maximum-intensity Normalization

Dans [Dargham 2008], les auteurs proposent également de normaliser la couleur de l'image par un pixel de référence. Cette normalisation est illustrée par les équations ci-dessous :

$$\frac{R}{Max(R+G+B)}\\\frac{G}{Max(R+G+B)}\\\frac{B}{Max(R+G+B)} \quad (4.16)$$

4.2.2.14/ Attributs $C_R C_G C_B$

Michèle Gouiffès [M.Gouiffès 2007] définis de nouveaux attributs $C_R C_G C_B$ en se basant sur ceux définit par Fusiello et al [Fusiello 1999] (la normalisation Affine). Ces attributs peuvent être vus comme des pseudo-invariants, valables pour les surfaces non-lambertiennes acquises sous un illuminant de couleur variable.

$$C_R = \frac{R - \min_{s \in \mathcal{V}_p} R(s)}{\sigma_R(p)}\\C_G = \frac{G - \min_{s \in \mathcal{V}_p} G(s)}{\sigma_G(p)}\\C_B = \frac{B - \min_{s \in \mathcal{V}_p} B(s)}{\sigma_B(p)} \quad (4.17)$$

où $minR(s)$, $minG(s)$ et $minB(s)$ sont respectivement les minimums au voisinage $\mathcal{V}_p$ de taille 3×3 autour du pixel p considéré dans les composantes R, G et B. $\sigma_X(p)$ est l'écart-type de la composante X dans le voisinage $\mathcal{V}_p$, X=R, G ou B.

4.2.2.15/ COLOUR CONSTANT COLOUR INDEXING (CCCI)

Funt et Finlayson [Funt 1991] proposent d'utiliser la colour constant colour indexing qui présente la propriété d'invariance face à un changement d'éclairage pour le modèle diagonale.

$$\left(\frac{P_1^1}{P_1^2}, \frac{P_2^1}{P_2^2}, \frac{P_3^1}{P_3^2} \right) \tag{4.18}$$

où P_i^j est la valeur du pixel de la composante(i=R, G ou B) situé à la position j et les pixels P_1^1 et P_1^2 sont deux pixels voisins.

4.2.2.16/ ATTRIBUTS $m_4 m_5 m_6$

Gevers et Smeulders montrent que le rapport croisé entre le niveau de deux pixels voisins pour deux composantes différentes est insensible à la couleur de l'illuminant mais également à un changement d'angle d'observation, de l'orientation de la surface et de l'intensité de l'illuminant [Gevers 1999]. Le modèle $m_4 m_5 m_6$ qu'ils proposent est un dérivé de celui de CCCI proposé par Funt et Finlayson [Funt 1991] :

$$\begin{aligned} m_4 &= \frac{P_1^1 P_2^2}{P_1^2 P_2^1} \\ m_5 &= \frac{P_1^1 P_3^2}{P_1^2 P_3^1} \\ m_6 &= \frac{P_2^1 P_3^2}{P_2^2 P_3^1} \end{aligned} \tag{4.19}$$

où P_i^j est la valeur du pixel de la composante (i=R, G ou B) situé a la position j.

Notons que dans le cas où deux pixels sont situés dans une région de couleur uniforme, les trois composantes m_i sont égales à 1.

4.2.2.17/ NORME L2

Les composantes couleur R, G, B normalisées par la norme L2 (cf. equation 4.20) dépendent uniquement des sensibilités spectrales des capteurs et des caractéristiques physiques des matériaux, mais pas de la géométrie de la scène ni de l'intensité d'éclairage.

$$m_2 = \sqrt{(\frac{R^2+G^2+B^2}{3})}$$
$$s_2 = \sqrt{R^2+G^2+B^2-RG-RB-GB}$$
$$h_2 = \sqrt{(\frac{R-\frac{G}{2}-\frac{B}{2}}{\sqrt{R^2+G^2+B^2-RG-RB-GB}})}$$
(4.20)

4.2.2.18/ Attributs $A_1 A_2 A_3$

D'après les travaux de Gouiffès [Gouiffès 2005], les attributs $A_1 A_2 A_3$ sont exprimés par l'équation suivante :

$$A_1 = \frac{R-G}{|R-G|+|G-B|+|B-R|}$$
$$A_2 = \frac{R-B}{|R-G|+|G-B|+|B-R|}$$
$$A_3 = \frac{G-B}{|R-G|+|G-B|+|B-R|}$$
(4.21)

4.2.2.19/ Espace HSL

L'espace couleur HSL fournit, au travers de ses 3 composantes (Teinte, Saturation, Luminance) définies ci-dessous, des informations intéressantes notamment pour l'élaboration de méthodes robustes aux changements d'illumination. En effet, ces artefacts affectent principalement la composante de luminance. Il est donc possible de diminuer la sensibilité aux changements d'illumination tout en restant sensible aux conditions d'éclairage ainsi qu'au bruit dans les zones ombrées en ne tenant compte que des composantes de chrominance (teinte et saturation).

$$L = (R+G+B) \quad (4.22)$$

$$S = 1 - \frac{3*min(R,G,B)}{L} \quad (4.23)$$

$$H = \begin{cases} x & \text{si } b \leq g \\ 2\pi - x & \text{sinon} \end{cases} \quad (4.24)$$

avec

$$x = \cos^{-1}\left(\frac{\frac{1}{2}[(R-G)+(R-B)]}{\sqrt{(R-G)^2+(R-B)(G-B)}}\right) \quad (4.25)$$

et

$$r = \frac{R}{L}, g = \frac{G}{L}, b = \frac{B}{L} \quad (4.26)$$

4.2.2.20/ Coordonnées réduites (Espace rg)

L'espace rg [Gevers 2004] est un espace couleur bidimensionnel permettant d'obtenir une invariance face aux changements externes de la source pour une surface matte. En effectuant une normalisation des composantes trichromatiques par rapport à la luminance, on obtient des composantes qui ne tiennent compte que de la chrominance. Les composantes r et g, appelées coordonnées réduites, sont calculées à l'aide des équations ci-dessous.

$$r = \frac{R}{R+G+B}$$
$$g = \frac{G}{R+G+B}$$
(4.27)

4.2.2.21/ Espace de couleurs opposées ($o_1 o_2$)

Dans [Gevers 2003], les auteurs utilisent un espace bidimensionnel $o_1 o_2$ appelé espace de couleurs opposées. Les attributs o_1 et o_2 sont indépendants du terme de réflectance spéculaire mais présentent l'inconvénient d'être sensibles aux termes géométriques et aux variations d'intensité d'éclairage.

$$o_1 = \frac{(R-G)}{2}$$
$$o_2 = \frac{(2*B-R-G)}{4}$$
(4.28)

4.2.2.22/ Attributs $C_R C_G$

Finlayson et al. [Finlayson 2000] proposent un nouvel invariant bidimensionnel dont les deux composantes C_R et C_G sont invariantes aux variations d'intensité de l'illuminant coloré. Elles sont illustrées par l'équation 4.29.

$$C_R = \ln \frac{R}{G}$$
$$C_G = \ln \frac{B}{G}$$
(4.29)

4.2.2.23/ La Saturation (S)

La Saturation notée S est invariante vis-à-vis des variations d'éclairage et de la géométrie de la scène [Gevers 1999].

$$S = \left(1 - \frac{min(R,G,B)}{R+G+B} \right)$$
(4.30)

4.2.2.24/ LA TEINTE (H)

La teinte notée H telle que décrite dans l'équation 4.31, est également invariante vis-à-vis des variations d'éclairage et de la géométrie de la scène [Gevers 1999].

$$H = \arctan\left(\frac{\sqrt{3}(G-B)}{(R-G)+(R-B)} \right) \quad (4.31)$$

4.2.2.25/ LOG HUE

Finlayson et Schaefer [Finlayson 2001] ont montré dans leurs travaux qu'une modification du gamma de l'image, entraîne une moins bonne stabilité de la teinte. Afin de pallier cet inconvénient, les auteurs proposent d'introduire une nouvelle définition de la teinte cette fois invariante vis-à-vis des changements de luminosité et de gamma :

$$H = \arctan\left(\frac{\log(R)-\log(G)}{\log(R)+\log(G)-2\log(B)} \right) \quad (4.32)$$

4.2.3/ SYNTHÈSE DES DIFFÉRENTS INVARIANTS COLORIMÉTRIQUES

Dans cette partie, nous allons visualiser sur un orthophotoplan (cf. figure 4.1.(a)), l'influence des différents invariants colorimétriques précédemment mentionnés. Il ne s'agit pas ici de comparer ou de définir le meilleur invariant colorimétrique pour notre application mais simplement d'illustrer sur une image quelques un des invariants que nous avons présentés précédemment (cf. figure 4.1). Les invariants colorimétriques illustrés sont : la normalisation de Greyworld, MaxRGB, la normalisation Affine, la normalisation L2, l'espace de couleurs opposées, l'espace HSL, les attributs $l_1 l_2 l_3$, les attributs $A_1 A_2 A_3$, rgb-rang, les attributs $l_4 l_5 l_6$ et l'espace chromatique.

Au vu des illustrations de la figure 4.1, il peut être intéressant d'apporter quelques constatations. La représentation couleur d'un orthophotoplan est différente selon l'invariant colorimétrique utilisé à l'exception de celui de Greyworld. En effet, l'image couleur obtenue après transformation par Greyworld, est visuellement proche de l'image initiale. La différence porte essentiellement sur les valeurs des niveaux de gris des pixels voisins d'un pixel considéré et qui ont subi une normalisation. La transformation de cette même image sous d'autres représentations couleur (invariants colorimétriques) permet de mettre en évidence certains objets d'intérêt. Nous pouvons citer par exemple les illustrations 4.1.(e) et 4.1.(i) obtenues par application des invariants colorimétriques normalisation L2 et $A_1 A_2 A_3$, et dans lesquelles les toits des bâtiments se voient attribuer une couleur spécifique et donc facilement extrayables (bleue pour la norme L2 et jaune pour les attributs $A_1 A_2 A_3$). Un autre exemple concerne l'espace chromatique qui permet de mettre en évidence les zones d'ombres dans l'image (cf. figure 4.1.(l)). Enfin, l'utilisation de la normalisation Affine (cf. figure 4.1.(d)) peut par exemple permettre d'augmenter le contraste entre certaines zones de la toiture et donc de mieux discriminer les différentes arrêtes des pans de la toiture.

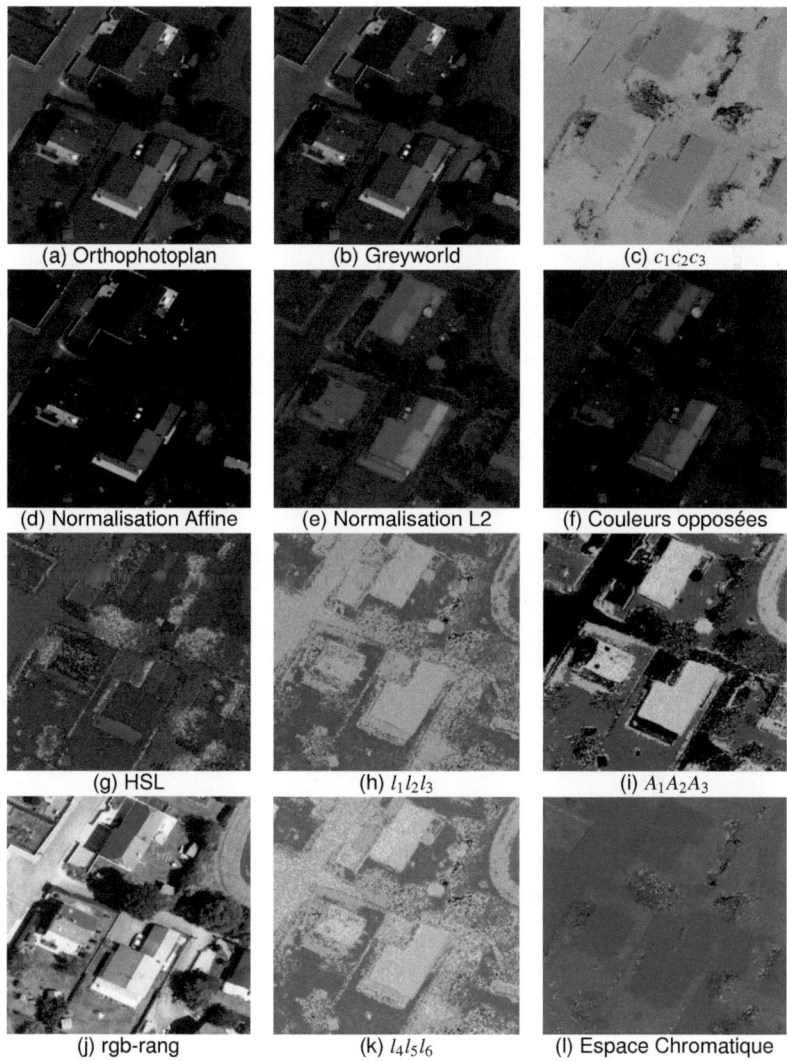

FIGURE 4.1 – Orthophotoplan avec application de différents invariants colorimétriques.

Nous pouvons donc raisonnablement conclure que l'utilisation et le choix d'un invariant colorimétrique joue un rôle important dans la segmentation de toitures à partir d'images aériennes (orthophotoplans dans notre cas). Nous verrons donc dans le section 4.4 de ce chapitre, quels invariants parmi les 24 présentés ci-dessus offrent les meilleurs résultats dans le cadre d'une segmentation par LPE. Mais avant cela, nous effectuons un rapide état de l'art de différents gradients afin de définir celui qui offrira les meilleurs résultats dans le cadre de notre application.

4.3/ Méthodes de calcul de gradient

La segmentation d'images par LPE constitue la pierre angulaire de l'approche de segmentation de toitures développée dans le cadre de cette thèse. Cette méthode requiert la définition d'une image de gradient pouvant être couleur ou niveaux de gris. Cette image de gradient conditionne la qualité de la segmentation obtenue. Avant de donner le principe de fonctionnement des gradients niveaux de gris et couleurs que nous utiliserons dans la phase de sélection du meilleur couple invariant/gradient pour notre application de segmentation de toitures, nous tenons à rappeler le principe général de calcul d'un gradient.

4.3.1/ Le gradient d'une image

Le gradient, en un pixel d'une image I, est un vecteur caractérisé par son amplitude et sa direction. L'amplitude est directement liée à la quantité de variation locale des niveaux de gris. La direction du gradient est orthogonale à la frontière au point considéré. La méthode la plus simple pour estimer un gradient est donc de faire un calcul de variation monodimensionnelle, i.e. en ayant choisi une direction donnée. Nous avons alors le schéma suivant :

$$G_d(x,y) = (I * W_d)(x,y) \tag{4.33}$$

où W_d désigne l'opérateur de dérivation dans la direction d et $*$ le produit de convolution.

$$G_d(x,y) = \sum_{i=-m}^{m} \sum_{j=-n}^{n} I(x+i, y+i) W_d(i,j) \tag{4.34}$$

Dans cette version discrète, la taille de cet opérateur est donnée par le couple (m,n). Sauf cas particulier, on considère toujours $m = n$.

Le gradient étant un vecteur, l'approche la plus classique pour estimer le gradient consiste à choisir deux directions privilégiées (naturellement celles associées au maillage, i.e. ligne et colonne), sur lesquelles on projette le gradient. Le gradient de l'image I est le vecteur $\nabla I(x,y)$ défini par :

$$\nabla I(x,y) = (\frac{\partial I(x,y)}{\partial x}, \frac{\partial I(x,y)}{\partial y})^t \tag{4.35}$$

Le module $\|\nabla I(x,y)\|$ du gradient et sa direction θ dans l'image sont donnés par les deux équations ci-dessous :

$$\|\nabla I(x,y)\| = \sqrt{(\frac{\partial I(x,y)^2}{\partial x} + \frac{\partial I(x,y)^2}{\partial y})} \qquad (4.36)$$

$$\theta(x,y) = -\arctan(\frac{\partial I(x,y)}{\partial x} / \frac{\partial I(x,y)}{\partial y}) \qquad (4.37)$$

Le module $\|\nabla I(x,y)\|$ traduit l'intensité du gradient en chaque pixel et θ la direction du gradient le plus fort en chaque pixel.

4.3.2/ Méthodes de calcul du gradient niveaux de gris

Le calcul du gradient niveaux de gris est réalisé par les opérateurs classiques de détection de contours dans des images monochromatiques. Dans une image, un contour correspond à une variation locale d'intensité présentant un maximum ou un minimum. Les pixels contours appartiennent à des régions ayant des intensités moyennes différentes. La détection de contours dans les images niveaux de gris repose sur une opération de convolution locale de l'image par un filtre 2D donné. La convolution consiste à balayer d'une manière séquentielle l'image par une fenêtre et appliquer le filtre aux pixels afin d'estimer les transitions significatives dans l'image. Les opérateurs de gradients niveaux de gris se distinguent alors par le filtre de lissage utilisé. Les filtres peuvent être "simples" ou "plus complexes". Dans notre démarche de choix du meilleur couple invariant/gradient, nous avons testé six opérateurs "simples" et deux opérateurs "complexes" que nous définissons dans les sections suivantes.

4.3.2.1/ Filtres "simples" de détection de contours

Historiquement, les filtres "simples" ont été encore régulièrement employées en traitement d'images. Les filtres "simples" que nous détaillons dans cette section sont : 1/ la dérivée première de l'image ; 2/ le gradient morphologique niveaux de gris ; 3/ NonMaximaSuppression, 4/ Sobel ; 5/ Roberts et 6/ Prewitt. Leur application sur une image revient à calculer l'opérateur de gradient au niveau de chaque pixel. Ils sont basés sur les approximations discrètes des dérivées de premier ordre données par les équations 4.38 et 4.39.

$$\frac{\partial}{\partial x} I(x,y) \simeq \triangle_x * I(x,y) = I(x+1,y) - I(x,y) \qquad (4.38)$$

$$\frac{\partial}{\partial y} I(x,y) \simeq \triangle_y \star I(x,y) = I(x,y+1) - I(x,y) \qquad (4.39)$$

où $I(x,y)$ est la valeur du pixel (x, y) de l'image I. Les symboles $*$ et $\star$ correspondent respectivement aux convolutions dans les directions horizontale et verticale.

□ **Dérivée première de l'image** : Le résultat de cet opérateur est une image d'amplitude du gradient. La valeur d'amplitude du gradient en un point (x,y) reflète la variation de

niveau de gris observée dans l'image I en ce point. Plus cette valeur est élevée plus cette variation est forte. L'amplitude est obtenue par le maximum de la dérivée en x et en y. Le calcul de la dérivée se fait par convolution de l'image avec un masque [-1 0 1] dans toutes les directions. La valeur d'amplitude retenue est celle qui est maximale.
- **NonMaximaSuppression** : L'opérateur NonMaximaSuppression repose sur le résultat de l'opérateur précédent. Il permet de ne conserver de l'image d'amplitude du gradient obtenu que les valeurs qui sont maximales dans la direction orthogonale au gradient.
- **Gradient morphologique niveaux de gris** : Cet opérateur repose sur deux opérations issues de la morphologie mathématique que sont la dilatation et l'érosion dont nous rappellerons les principes dans la prochaine section. Le gradient est obtenu par différence symétrique entre l'image dilatée et l'image érodée, obtenues par le même élément structurant B de taille unitaire.
- **Roberts** : Le gradient de Roberts fournit une première approximation de la première dérivée d'une image discrète. Les masques de Roberts (cf. figure 4.2.a) sont alors des versions de Δx et Δy ayant subies une rotation de -45 degrés. Ce sont de simples différences de niveaux de gris, sans aucun lissage.
- **Prewitt** : Le filtre de Prewitt consiste à calculer la différence des valeurs moyennes des pixels voisins du pixel central dans les directions verticale et horizontale selon la 8-connexité. Le moyennage rend la méthode plus robuste au bruit. Le filtre de Prewitt est défini par le double masque illustré sur la figure 4.2.b.
- **Sobel** : Le filtre de Sobel est une variante de celui de Prewitt. Il consiste à donner plus d'influence au plus proches pixels voisins du pixel central, ce qui a pour effet de réduire un peu le lissage, mais aussi, d'améliorer légèrement la précision de la localisation des contours. Les deux masques du filtre de Sobel sont illustrés sur la figure 4.2.c.

Nous présentons sur la figure 4.3, une illustration des différents gradients cités ci-dessus.

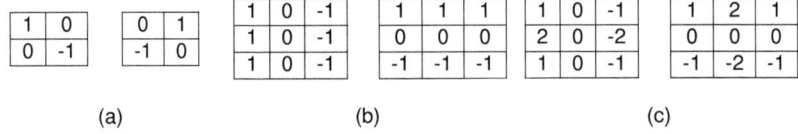

(a)   (b)   (c)

FIGURE 4.2 – Masques de convolutions des opérateurs de (a) Roberts, (b) Prewitt et (c) Sobel.

4.3.2.2/ FILTRES "OPTIMAUX" DE DÉTECTION DE CONTOURS

Les quelques méthodes de détection de contours que nous venons de citer ne sont pas optimales car elles restent très sensibles au bruit. Les opérateurs de détection de contours "optimaux" consistent à définir des nouveaux critères afin d'optimiser la détection des contours. Les filtres optimaux les plus connus sont ceux de Canny, Deriche et Shen-Castan. Ces opérateurs cherchent à optimiser la notion de pondération introduite par Sobel au niveau des moyennes locales calculées de chaque côté du pixel central. Par exemple Canny [Canny 1983] a proposé trois critères : 1/ une bonne détection de contours (afin de minimiser les fausses réponses) ; 2/ une bonne localisation des contours (afin de minimiser la distance entre les points détectés et le vrai contour) ; 3/ une faible multiplicité des maxima dus au bruit (afin de minimiser le nombre de réponses pour un seul contour). Chacun de ces critères est traduit par la suite par Canny en termes mathématiques. Aujourd'hui, l'approche de Canny constitue une référence dont s'inspirent de nombreux auteurs pour déduire des filtres optimaux au sens de Canny. Nous allons donc maintenant décrire les gradients niveaux de gris de Canny, Deriche et Shen-Castan.

- **Canny** : [Canny 1986] fut le premier à formaliser une approche d'extraction de contours basée sur le filtrage linéaire optimal. Dans son approche, l'auteur s'est limité aux filtres de réponse impulsionnelle finie. L'optimisation de la robustesse au bruit et de la localisation des contours, sous la contrainte d'une distance moyenne minimale entre les réponses multiples, a donné le différentiel g qui peut être approximé par la première dérivée d'une gaussienne. La minimisation des critères de Canny dans le contexte du modèle proposé débouche sur une équation différentielle dont la solution est de la forme :

$$h(x) = a_1 e^{\alpha x} cos(wx) + a_2 e^{\alpha x} sin(wx) + a_3 e^{-\alpha x} cos(wx) + a_4 e^{-\alpha x} sin(wx) \qquad (4.40)$$

où les coefficients a_i et w sont déterminés à partir de la taille du filtre. Le paramètre α est un paramètre de grande importance que nous retrouverons dans tous les autres filtres dérivés de l'approche de Canny. C'est un paramètre d'échelle qui indique en-deçà de quelle distance deux contours parallèles seront confondus en un seul. Canny montre que la dérivée d'une gaussienne est une bonne approximation de son filtre.

$$h(x) \approx \lambda e^{-\frac{x^2}{\omega^2}} \qquad (4.41)$$

- **Deriche** : Le filtre de Deriche est un filtre de lissage qui utilise la solution exacte de l'équation de Canny. En effet, Deriche s'est inspiré des travaux de Canny pour proposer son opérateur optimal. Il a proposé un filtre à réponse impulsionnelle infinie satisfaisant les trois critères d'optimalité pour un contour modélisé par un échelon de Heaveside. Il a ainsi obtenu le filtre de lissage et le filtre différentiel suivants [Deriche 1990] :

$$f(x) = b_1(1 + \tau|x|)e^{-\tau|x|} \qquad (4.42)$$
$$g(x) = -b_2 x e^{-\tau|x|} \qquad (4.43)$$

avec :

$$b_1 = \frac{(1-e^{-\tau})^2}{1 + 2\tau e^{-\tau} - e^{-2\tau}} \qquad (4.44)$$
$$b_2 = \frac{(1-e^{-\tau})^2}{e^{-\tau}} \qquad (4.45)$$

où b_1 et b_2 sont des facteurs de normalisation. τ est le paramètre de forme qui, entre autre, détermine la capacité de lissage. Il représente l'inverse de l'écart type de la gaussienne du filtrage de Canny $\tau = \frac{\sqrt{\pi}}{\sigma}$

- **Shen et Castan** : Le filtre de Shen et Castan est obtenu par optimisation d'un critère combinant les critères de bonne détection et de bonne localisation des contours introduits par Canny. L'optimisation de ce critère permet de proposer une fonction de régularisation continue qui est ensuite dérivée pour aboutir aux filtres optimaux suivants [Shen 1993] :

$$f(x) = a_1 e^{-\gamma|x|} \tag{4.46}$$

$$g(x) = \begin{cases} a_2 e^{-\gamma|x|} & pour \quad x < 0 \\ -a_2 e^{-\gamma|x|} & sinon \end{cases} \tag{4.47}$$

avec :

$$a_1 = \frac{1 - e^{-\gamma}}{1 + e^{-\gamma}} \tag{4.48}$$

$$a_2 = 1 - e^{-\gamma} \tag{4.49}$$

où a_1 et a_2 sont les facteurs de normalisation, et γ est le paramètre qui contrôle la pente de la fonction exponentielle, donc le lissage. Notons que plus γ est petit, plus le lissage est important (perte de localisation des contours). Cette solution est assez proche de celle de Canny.

D'un point de vue algorithmique, ces opérateurs optimaux comportent plusieurs étapes : Dans un premier temps, un filtre de lissage des intensités dans la direction orthogonale au gradient calculé est appliqué afin de calculer la direction et la norme du gradient maximal. Les maxima locaux de la norme du gradient sont ensuite sélectionnés afin d'obtenir des contours d'épaisseur 1-pixel. Une dernière étape de raffinement par seuillage par hystérésis consistant à supprimer les pixels de contour isolés et prolonger les enchaînements de pixels appartenant à des contours plus longs, est finalement appliquée. Il est possible de paramétrer la variable de lissage pour ces opérateurs, afin de favoriser la sensibilité de la détection par rapport à la précision de la position spatiale, et inversement. Notons que plus cette valeur est faible, plus le lissage est fort et donc moins il y aura de contours.

Après avoir rappelé le principe de quelques gradients niveaux de gris, nous allons maintenant présenter quelques gradients couleur qui seront eux aussi utilisés et testés dans notre stratégie de sélection du meilleur couple invariant/gradient pour la phase de segmentation par LPE. La figure 4.3 illustre l'application de ces filtres sur une image d'orthophotoplans et met déjà en évidence les performances de certains d'entre eux.

4.3.3/ Méthodes de calcul du gradient couleur

Soit une image multi-composante $I(x,y) : \Re^2 \to \Re^m$ avec les composantes $I_i(x,y) : \Re^2 \to \Re$, $i = 1, 2, ..., m$, avec m=3 dans le cas d'une image couleur. En considérant l'espace RVB, nous obtenons :

$$I(x_1, x_2) = \begin{pmatrix} R(x_1, x_2) = I_1(x_1, x_2) \\ V(x_1, x_2) = I_2(x_1, x_2) \\ B(x_1, x_2) = I_3(x_1, x_2) \end{pmatrix} \tag{4.50}$$

Le gradient couleur de l'image I peut être calculé de la même manière que celui en niveaux de gris. La recherche de discontinuités locales doit cette fois être réalisée sur les

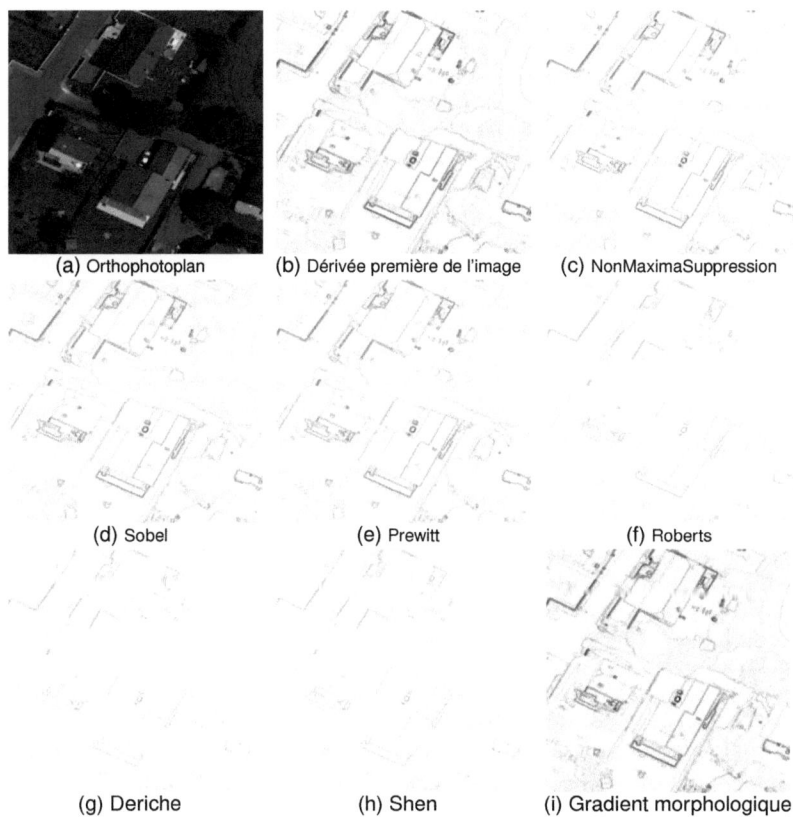

FIGURE 4.3 – Illustration de différents gradients niveaux de gris.

trois composantes de l'image couleur. Nous classons les différentes méthodes de calcul de gradient couleur en trois catégories que nous détaillons ci-après : 1/ les approches scalaires ; 2/ les approches perceptuelles et 3/ les approches vectorielles.

4.3.3.1/ APPROCHES SCALAIRES

Les approches scalaires ou approches marginales effectuent un calcul de gradient sur chaque composante de l'espace étudié, puis fusionnent les différents gradients pour donner naissance à un seul gradient couleur. Ces méthodes sont relativement simples à implémenter car il suffit d'adapter les traitements déjà existants en niveaux de gris sur chacune des matrices de pixels correspondant aux composantes couleur. La différence réside essentiellement dans le choix de l'approche adoptée pour calculer les dérivées de l'image couleur ainsi que la méthode utilisée pour fusionner les différents gradients calculés. Sur ce deuxième point, nous pouvons identifier deux techniques couramment utilisées dans la littérature. La première consiste à regrouper les différents gradients sur une seule et même image en utilisant des opérations binaires logiques, telles que l'union «OU» (lorsqu'un pixel contour a été trouvé sur l'une des composantes, on le retrouve dans l'image finale) ou l'intersection «ET» (lorsqu'un pixel contour apparaît sur les trois composantes, on le retrouve dans l'image finale). Cette technique présente l'avantage d'être facile à mettre en oeuvre et offre la possibilité d'utiliser n'importe quelle méthode de calcul de gradient dédiée aux images en niveaux de gris. La deuxième technique utilise d'autres types d'opérateurs tels que le min, le max ou la moyenne s'appliquant directement sur les normes des gradients. L'opérateur min est très restrictif et ne détecte que peu de contours avec un nombre réduit de faux contours. Le max est un opérateur qui donne beaucoup de pixels contour mais génère autant de faux contours introduits par le bruit dans l'image. Le troisième opérateur semble être un bon compromis puisqu'il assure des résultats intermédiaires. Notons aussi que la direction des gradients est intégrée dans le processus de fusion de certaines techniques afin de différencier les pixels ayant des gradients de directions identiques, orthogonaux ou avec des directions opposées.

□ **Le gradient morphologique couleur :** La morphologie mathématique, introduite par Matheron [Matheron 1975] et Serra [Serra 1982], nous donne un cadre intéressant pour la définition d'un gradient morphologique. Le calcul du gradient morphologique couleur est basé sur les opérations d'érosion et de dilatation dont nous rappelons brièvement les principes ci-dessous. Le lecteur désireux de plus d'informations sur le sujet pourra se reporter à l'ouvrage de référence [Serra 1982].

Soit B un élément structurant et B_x cet élément centré en un pixel x. L'érosion consiste à se poser la question suivante : "B_x est-il contenu entièrement dans l'objet X ?". L'ensemble des positions x correspondant à une réponse positive forme le nouvel ensemble $\varepsilon_B(X)$, appelé érodé de X par B et défini de la façon suivante :

$$\varepsilon_B(X) = \{x | B_x \subseteq X\} \tag{4.51}$$

L'opération de dilatation se définit par analogie. En prenant le même élément structurant B, on se pose pour chaque point z de l'image la question suivante : "B_z touche-t-il l'ensemble X ?". En d'autres mots, y a-t-il une intersection non vide entre B_z et X ? L'ensemble des points de l'image correspondant à une réponse positive, forme le nouvel ensemble $\delta_B(X)$, appelé dilaté de X par B et défini de la façon suivante :

$$\delta_B(X) = \{z | B_z \cap Z \neq \emptyset\} \tag{4.52}$$

D'un point de vue algorithmique, si B est un élément structurant plan, alors dilater (respectivement éroder) une image I par B revient à donner à tout pixel x, la valeur maximale (respectivement minimale) de l'image I dans la fenêtre d'observation définie par B, lorsque B est centré en x :

$$\delta_B(I)(x) = max\{x_k, k \in B\} \tag{4.53}$$

$$\varepsilon_B(I)(x) = min\{x_k, k \in B\} \tag{4.54}$$

La différence symétrique (en utilisant l'ordre lexicographique) entre l'image dilatée et l'image érodée par le même élément structurant B de taille unitaire donne naissance à un gradient morphologique comme le décrit l'équation 4.55.

$$\nabla I = \delta_B(I) - \varepsilon_B(I) \tag{4.55}$$

Il est à noter que pour une image couleur, la différence symétrique est effectuée séparément sur chaque composante de l'espace utilisé.

☐ **Le gradient marginal couleur :** Soit $I_{C_1C_2C_2}$ l'image transformée de l'image I calculée dans l'espace $C_1C_2C_2$. Le gradient marginale couleur de l'image I est calculé selon l'équation 4.56, qui donne son module.

$$\|\nabla I_{C_1C_2C_2}(x,y)\| = \sqrt{(\|\nabla I_{C_1}(x)\| + \|\nabla I_{C_2}(x)\| + \|\nabla I_{C_3}(x)\|)^2} \tag{4.56}$$
$$+ \sqrt{(\|\nabla I_{C_1}(y)\| + \|\nabla I_{C_2}(y)\| + \|\nabla I_{C_3}(y)\|)^2}$$

Pour calculer le gradient suivant les directions X et Y, deux filtres notés FX et FY sont utilisés :

$$FX = \frac{1}{2}\begin{pmatrix} 1 & 4 & 1 \\ 0 & 0 & 0 \\ -1 & -4 & -1 \end{pmatrix} \tag{4.57}$$

$$FY = \frac{1}{2}\begin{pmatrix} 1 & 0 & -1 \\ 4 & 0 & -4 \\ 1 & 0 & -1 \end{pmatrix} \tag{4.58}$$

Notons qu'il est préférable de faire des convolutions avec tous les filtres déduits les uns des autres par rotation afin d'avoir une image de gradient indépendante de l'orientation. Pour chaque direction θ nous obtenons $\|\nabla_\theta I_{C1C2C3}(p)\|$ et le gradient final est obtenu en prenant le maximum :

$$\nabla_\theta I_{C1C2C3}(p) = \sup_\theta \|(\nabla_\theta I_{C1C2C3}(p))\| \tag{4.59}$$

4.3.3.2/ Approches perceptuelles

Les méthodes perceptuelles sont basées sur des caractéristiques du système visuel humain (SVH) [Carron 1995], [Anwander 2001], [Angulo 2004], [Maloigne 2005]. Dans ses travaux, Carron [Carron 1995] propose une série d'opérateurs de calcul de gradient couleur reposant sur des informations de luminance, de saturation et de teinte. Nous décrivons ci-après différents opérateurs de cette famille que nous utiliserons pour le choix du meilleur couple invariant/gradient dans l'étape de segmentation.

☐ **Le gradient de Carron :** L'originalité de la méthode de Carron réside dans le fait que le calcul du gradient est fonction de la pertinence de la teinte [Carron 1995]. En effet, la teinte est une information dont la pertinence est variable : lorsque la couleur est fortement saturée, la teinte est considérée comme une information fiable, et est peu sensible au bruit et, à l'inverse, lorsque la saturation est faible, la teinte est très sensible au bruit et donc sa pertinence est considérée comme mauvaise. Un coefficient $\alpha(S)$, décrit dans l'équation 4.60, fonction de la saturation, est donc défini, pour mesurer la pertinence de la teinte :

$$\alpha(S) = \frac{\pi/2 + Arctan(\beta \times (S - S_0))}{\pi} \qquad (4.60)$$

où :

- S_0 permet de définir un niveau de pertinence moyen de la composante teinte, lié à un niveau de saturation $\alpha(S_0)$=0.5. Deux critères sont envisagés pour choisir la valeur numérique S_0. Le premier est indépendant de l'image à traiter et est lié à la transformation utilisée pour passer d'une représentation de la couleur dans l'espace RVB vers l'espace TLS. Dans ces travaux [Carron 1995], l'auteur montre que le choix d'une valeur S_0=50 permet d'atténuer le bruit et d'assurer ainsi une moins grande sensibilité aux bruits lors de l'utilisation de la composante teinte. Le second critère dépendant de l'image à traiter, calculé à partir de l'histogramme de l'image, est moins important.

- $0 \leq \beta \leq 1$ règle la pente de la fonction autour du niveau S_0 et permet de doser le mélange dans les situations où la pertinence accordée à l'information de teinte est moyenne. L'auteur montre qu'une valeur de β proche de 0.1 permet d'atténuer l'importance du choix de la valeur de S_0 [Carron 1995]. On assure ainsi un mélange cohérent entre teinte, luminance et saturation.

La distance entre deux couleur C_1 et C_2 dans l'espace TLS, est calculée comme suit :

$$d(C_1, C_2) = \alpha(S_1, S_2) \times \Delta(T_1, T_2) + (1 - \alpha(T_1, T_2)) \times \Delta(L_1, L_2) \qquad (4.61)$$

avec :

$$\begin{aligned} C_1 &= \{T_1, L_1, S_1\} \\ C_2 &= \{T_2, L_2, S_2\} \\ \alpha(S_1, S_2) &= \sqrt{\alpha(S_1) \times \alpha(S_2)} \\ \Delta(T_1, T_2) &= min(|T_1 - T_2|, 1 - |T_1 - T_2|) \\ \Delta(L_1, L_2) &= |L_1 - L_2| \end{aligned}$$

Le coefficient $\alpha(S_1, S_2) = \sqrt{\alpha(S_1) \times \alpha(S_2)}$ définit la moyenne géométrique des coefficients pondérateurs entre deux pixels.

Le module G^{TLS} est alors estimé par la formule ci-dessous :

$$G^{TLS} = \sqrt{(G_x^{TLS})^2 + (G_y^{TLS})^2} \qquad (4.62)$$

Les composantes horizontales et verticales du gradient couleur exprimé dans l'espace TLS sont calculées à l'aide des équations suivantes :

$$\begin{aligned} G_x^{TLS} &= d(C_{0,0}, C_{-1,-1}) \\ G_y^{TLS} &= d(C_{-1,0}, C_{0,-1}) \end{aligned} \quad (4.63)$$

- **Le gradient TLS (Sobel TLS)** : Ce détecteur utilise la teinte (lorsqu'elle est pertinente) en complément des informations de luminance et de saturation [Carron 1995].
  Le module G^{TLS} est obtenu à l'aide des deux équations suivantes :

$$G^{TLS} = \sqrt{(G_x^{TLS})^2 + (G_y^{TLS})^2} \quad (4.64)$$

$$\begin{aligned} G_x^{TLS} &= |G_x^T| + |G_x^S| + |G_x^L| \\ G_y^{TLS} &= |G_y^T| + |G_y^S| + |G_y^L| \end{aligned} \quad (4.65)$$

où

$$\begin{aligned} G_x^T &= \Delta T(T_{-1,-1}, T_{-1,1}) + 2.\Delta T(T_{0,-1}, T_{0,1}) + \\ & \quad \Delta T(T_{1,-1}, T_{1,1}) \\ G_y^T &= \Delta T(T_{-1,-1}, T_{1,-1}) + 2.\Delta T(T_{-1,0}, T_{1,0}) + \\ & \quad \Delta T(T_{-1,1}, T_{1,1}) \end{aligned} \quad (4.66)$$

et

$$\begin{aligned} \Delta T(T_i, T_j) &= \sqrt{\alpha(S_i).\alpha(S_j)}.|T_i - T_j|_{modulo\ 255} \quad (4.67) \\ &= \alpha(S_1, S_2).|T_i - T_j|_{modulo\ 255} \quad (4.68) \end{aligned}$$

où $|T_i - T_j|_{modulo\ 255}$ est la mesure de l'écart entre deux informations de teinte T_1 et T_2. Dans cette formule, on calcule la différence modulo 255 ($|T_i - T_j|_{modulo\ 255}$) pour résoudre le problème de la nature circulaire de la composante de teinte.

Les composantes du gradient de luminance (notées G_x^L et G_y^L) et les composantes du gradient de saturation (notées G_x^S et G_y^S) sont calculées classiquement par l'opérateur de Sobel.

- **Sobel couleur** : Ce détecteur privilégiant l'information de teinte, prend uniquement en considération les informations de saturation et de luminance dans le cas où cette première (teinte) n'est pas pertinente. Les deux composantes G_x^T et G_y^T sont calculées comme pour le cas de Sobel TLS. Les composantes G_x^L et G_y^L sont obtenues à l'aide des équations ci-dessous tout comme les composantes G_x^S et G_y^S.

$$\begin{aligned}
G_x^L &= \bar{p}(S_{-1,-1},S_{-1,1}).|L_{-1,-1},L_{-1,1}| \\
&+2.\bar{p}(S_{0,-1},S_{0,1}).|L_{0,-1},L_{0,1}| \\
&+\bar{p}(S_{1,-1},S_{1,1}).|L_{1,-1},L_{1,1}| \\
G_y^L &= \bar{p}(S_{-1,-1},S_{1,-1}).|L_{-1,-1},L_{1,-1}| \\
&+2.\bar{p}(S_{-1,0},S_{1,0}).|L_{-1,0},L_{1,0}| \\
&+\bar{p}(S_{-1,1},S_{1,1}).|L_{-1,1},L_{1,1}|
\end{aligned} \quad (4.69)$$

avec :

$$\bar{p}(S_1,S_2) = 1 - \alpha(S_1,S_2) \quad (4.70)$$

$$\begin{aligned}
G_x^S &= \bar{p}(S_{-1,-1},S_{-1,1}).|S_{-1,-1},S_{-1,1}| \\
&+2.\bar{p}(S_{0,-1},S_{0,1}).|S_{0,-1},S_{0,1}| \\
&+\bar{p}(S_{1,-1},S_{1,1}).|S_{1,-1},S_{1,1}| \\
G_y^S &= \bar{p}(S_{-1,-1},S_{1,-1}).|S_{-1,-1},S_{1,-1}| \\
&+2.\bar{p}(S_{-1,0},S_{1,0}).|S_{-1,0},S_{1,0}| \\
&+\bar{p}(S_{-1,1},S_{1,1}).|S_{-1,1},S_{1,1}|
\end{aligned} \quad (4.71)$$

Le module ainsi que les composantes horizontale et verticale du gradient couleur sont définies selon les équations 4.64 et 4.65 déjà décrites.

4.3.3.3/ APPROCHES VECTORIELLES

Les approches de calcul de gradient couleur que nous avons mentionnées auparavant ne considèrent pas les images couleur en tant que fonctions vectorielles. Les méthodes vectorielles ([Di-Zenzo 1986], [Chapron 1991], [Sapiro 1996a]) traitent les couleurs des pixels comme vecteurs et s'efforcent de garder la nature vectorielle de la représentation de la couleur tout au long du processus, sans considérer chaque canal de façon indépendante. Les opérateurs de cette famille reposent sur le calcul d'un tenseur multispectral, associé à un champ vectoriel, pour rechercher les variations locales de l'image. La plus grande valeur propre du tenseur correspond alors à la norme du gradient. La maximisation d'un critère de distance (mesuré généralement selon la norme L2), constitue l'une des caractéristiques communes entre les différentes approches vectorielles calculant le gradient couleur d'une image multispectrale. Les méthodes utilisées diffèrent généralement selon la manière d'estimer cette distance. Ces méthodes vectorielles ont généralement de meilleures performances que celles dites marginales surtout en présence de bruit non-corrélé altérant les composantes [Alshatti 1994]. Dans nos travaux, nous avons fait le choix de retenir pour cette catégorie le gradient de Di-zenzo dont nous rappelons le principe ci-dessous [Sapiro 1996b].

La méthode de Di-Zenzo : Di-zenzo a été le premier à proposer un gradient vectoriel d'une image multi-composante. La méthode repose sur la géométrie différentielle des

CHAPITRE 4. SIMPLIFICATION D'ORTHOPHOTOPLANS PAR UN COUPLE INVARIANT/GRADIENT APPROPRIÉ

surfaces. Il considère une image vectorielle I comme une surface 2D, et étudie ses variations locales.

Soit ΔI la différence entre les valeurs de deux points P_1 et P_2 donnée par :

$$\Delta I = I(P_1) - I(P_2) \tag{4.72}$$

Cette différence définie la longueur d'arc dans l'espace R^m. Si la distance d(P_1, P_2) dans l'image entre P_1 et P_2 tend vers zéro, la différence vectorielle devient l'élément d'arc :

$$dI = \frac{\partial I}{\partial x}dx + \frac{\partial I}{\partial y}dy \tag{4.73}$$

Le calcul de la norme au carré de la variation vectorielle dI donnée par l'équation 4.74, nous permet de déterminer la direction des variations locales maximales et sa valeur associée.

$$\|dI\|^2 = (\frac{\partial I}{\partial x}dx)^2 + (\frac{\partial I}{\partial y}dy)^2 + 2(\frac{\partial I}{\partial x})(\frac{\partial I}{\partial y})dxdy \tag{4.74}$$

Cette forme quadratique appelée aussi *première forme fondamentale* d'une surface dans l'espace R^m, peut être écrite sous la forme matricielle (4.75) [Bronshtein 1985] où la matrice M est appelée *tenseur multispectral*.

$$\|dI\|^2 = \left[\begin{array}{c} dx \\ dy \end{array}\right]^T \underbrace{\left[\begin{array}{cc} g_{11} & g_{12} \\ g_{12} & g_{22} \end{array}\right]}_{M} \left[\begin{array}{c} dx \\ dy \end{array}\right] \tag{4.75}$$

avec :

$$g_{ij} = \frac{\partial I}{\partial x_i} \cdot \frac{\partial I}{\partial x_j} \tag{4.76}$$

Les coefficients g_{ij} de la *première forme fondamentale* s'écrivent, en chaque point (x, y) de I :

$$\begin{cases} g_{11} = (\frac{\partial R}{\partial x})^2 + (\frac{\partial V}{\partial x})^2 + (\frac{\partial B}{\partial x})^2 \\ g_{12} = \frac{\partial R}{\partial x}\frac{\partial R}{\partial y} + \frac{\partial V}{\partial x}\frac{\partial V}{\partial y} + \frac{\partial B}{\partial x}\frac{\partial B}{\partial y} \\ g_{22} = (\frac{\partial R}{\partial y})^2 + (\frac{\partial V}{\partial y})^2 + (\frac{\partial B}{\partial y})^2 \end{cases} \tag{4.77}$$

Les variations de I sont maximales dans les directions des vecteurs propres $(\cos\theta_{1,2}, \sin\theta_{1,2})^T$ de la matrice M. Les maxima $\lambda_{1,2}$ de cette fonction donnés par les valeurs propres de la matrice $(g_{i,j})$. Ses vecteurs propres indiquant les directions des variations correspondantes θ_1 et θ_2 (avec $\theta_1 \perp \theta_2$), sont exprimés par les équations 4.78 et 4.79 :

$$\begin{aligned} \theta_1 &= \frac{1}{2}\arctan\frac{2g_{12}}{g_{11} - g_{22}} \\ \theta_2 &= \theta_1 + \frac{\pi}{2} \end{aligned} \tag{4.78}$$

$$\lambda_{1,2} = \frac{1}{2}(g_{11} + g_{22} \pm \sqrt{(g_{11} - g_{22})^2 + 4g_{12}^2}) \qquad (4.79)$$

Le gradient de Di-zenzo [Di-Zenzo 1986] est défini à partir des deux valeurs propres λ_1 et λ_2 selon l'équation suivante :

$$G = \sqrt{\lambda_1 + \lambda_2} \qquad (4.80)$$

La figure 4.4 illustre sur un orthophotoplan, le résultat des différents gradients couleur cités dans ce chapitre.

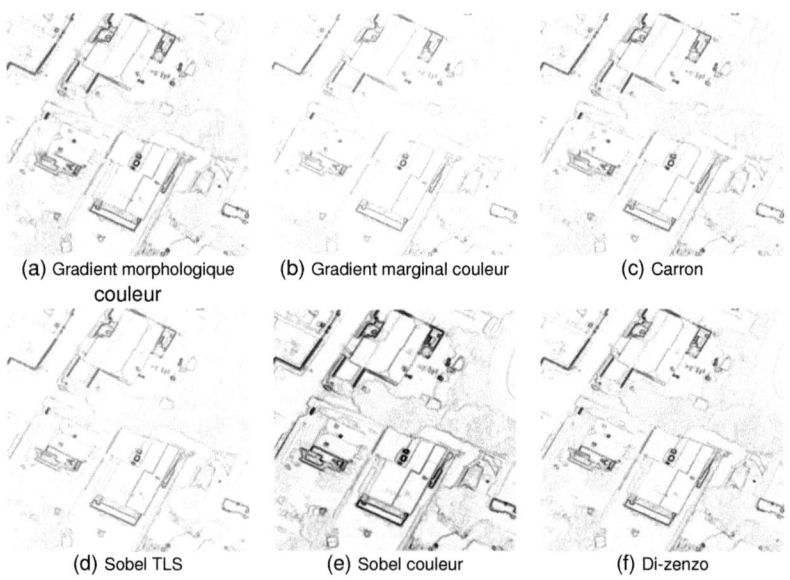

(a) Gradient morphologique couleur   (b) Gradient marginal couleur   (c) Carron

(d) Sobel TLS   (e) Sobel couleur   (f) Di-zenzo

FIGURE 4.4 – Illustration de différents gradients couleur.

Maintenant que nous avons présenté un certain nombre d'invariants colorimétriques et gradients (niveaux de gris et couleur) issus de la littérature, nous allons proposer dans la section suivante, une stratégie permettant de sélectionner le meilleur couple invariant/gradient afin d'assurer in fine une segmentation pertinente des toitures à partir d'orthophotoplans.

4.4/ SIMPLIFICATION D'ORTHOPHOTOPLANS PAR UN COUPLE INVARIANT/GRADIENT APPROPRIÉ

Comme indiqué précédemment, la première étape de l'approche de segmentation d'images de toitures développée dans cette thèse, est la simplification de l'image initiale par un couple invariant/gradient approprié et optimisé pour notre application. L'utilisation d'un invariant colorimétrique permet de limiter l'effet des changements brusques de luminosité ou ombres présentes sur les images aériennes tout en préservant les contours caractérisant l'image, et permet donc in fine d'améliorer la qualité de la segmentation finale. Nous parlerons davantage d'un couple invariant/gradient, car tout comme l'utilisation d'une image simplifiée (par un invariant), l'image de gradient constitue une entrée corrélée pour l'algorithme de segmentation par LPE. Il convient donc de choisir un couple invariant/gradient adapté pour optimiser cette première étape du processus global de segmentation. Pour cela, nous proposons une stratégie de sélection du couple invariant/gradient permettant de maximiser un critère d'évaluation défini en section 4.4.3.2. Nous tenons à signaler que le résultat de segmentation de l'approche proposée est essentiellement basé sur le résultat de la segmentation générée par la LPE-régions pour laquelle nous proposons d'optimiser ici les images d'entrée.

4.4.1/ PROCESSUS DE SÉLECTION DU COUPLE INVARIANT/GRADIENT

La figure 4.5 illustre le synopsis de notre stratégie de sélection du couple invariant/gradient optimal utilisé en entrée de la LPE. Cette stratégie se décompose en plusieurs étapes. La première étape consiste à appliquer l'invariant colorimétrique candidat sur l'image initiale. La deuxième étape se divise en deux sous-étapes selon que l'on choisisse de s'intéresser à l'information disponible en niveaux de gris (ie. composante couleur d'un invariant colorimétrique/gradient niveaux de gris) ou en couleur (ie. invariant colorimétrique/gradient couleur). Dans le premier cas, nous extrayons les trois composantes couleur de l'image simplifiée (par l'invariant colorimétrique), puis calculons le gradient niveaux de gris sur chaque composante ainsi extraite. Dans le deuxième cas, nous appliquons directement le gradient couleur sur l'image simplifiée par l'invariant colorimétrique testé. L'étape suivante consiste à effectuer une sélection des minima locaux afin de disposer en plus du gradient, d'une image de germes en entrée de l'algorithme de segmentation par LPE. L'image ainsi segmentée est ensuite évaluée avec un critère simple utilisant une segmentation de référence et permettant de mettre en évidence le ou les meilleurs couples invariant colorimétrique/gradient niveau de gris ou couleur pour la segmentation des images de toitures par LPE.

4.4.2/ LPE-RÉGIONS

Comme nous l'avons indiqué précédemment, l'approche permettant de définir le meilleur couple invariant/gradient pour l'étape de simplification et de procéder à une segmentation préliminaire de l'orthophotoplan est basée sur une LPE-régions développée par Meyer [Meyer 1991]. Cette LPE repose en particulier sur une heuristique simple qui consiste à analyser les pixels par ordre croissant de niveaux de gris. Cet algorithme fait partie des algorithmes des LPE inter-pixel (par inondation) dont nous rappelons le principe de

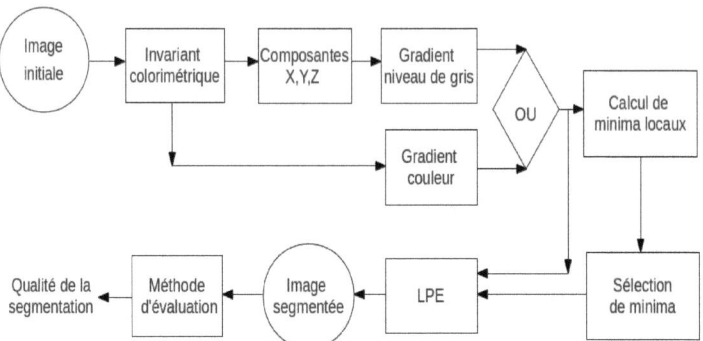

FIGURE 4.5 – Synopsis de notre stratégie de sélection du meilleur couple invariant/gradient.

fonctionnement ci-après :

Etant donnée une image I, le principe consiste à étendre le plus possible les minima locaux de l'image en utilisant l'ordre de priorité donné par une image de potentiel ou de gradient ; les pixels les moins élevés sont traités en priorité. Les quatre étapes de l'algorithme (cf. algorithme 5) sont décrites ci-après :

1. Attribuer une étiquette à chaque minimum de l'image ; marquer chaque point appartenant à un minimum avec l'étiquette correspondant à ce minimum. Initialiser un ensemble S de type file d'attente hiérarchique à l'ensemble vide.

2. Insérer chaque point étiqueté dans l'ensemble S. A chaque insertion, la file établit un tri des points selon la priorité correspondant à leur altitude (le module du gradient correspondant).

3. Extraire de l'ensemble S le point p_1 le plus prioritaire d'altitude minimale (de faible gradient), c'est-à-dire $I(p_1) = min\{I(p)|p \in S\}$. Attribuer à chaque point p adjacent à p_1 (dans un voisinage $\mathcal{V}$=8-connexité) et non-étiqueté l'étiquette de p_1 et insérer p dans S. La priorité d'insertion du point p correspond à son altitude, à l'instar de l'initialisation. Le point p_1 est ensuite détruit de la file d'attente hiérarchique.

4. Répéter l'étape 3 tant que S n'est pas totalement vide.

La LPE-régions s'exécute sur une image des normes du gradient et effectue une croissance de régions guidée par des germes initiaux (image de germes). La croissance de régions par LPE-régions présentant l'inconvénient d'être fortement dépendante du nombre de germes ainsi que de l'image de gradient, nous cherchons à optimiser ces deux images d'entrée.

□ **L'image de germes :** Le choix des germes initiaux joue un rôle très important puisque c'est à partir de ces derniers que la croissance de régions débute. Généralement,

---
Algorithme 5 : LPE-régions de Meyer [Meyer 1991]
Data : imRelief, imLabels, voisinage $\mathcal{N}$
Result : imSortie : image de label
begin
  imSortie ← imLabels // l'image de labels est copiée dans l'image de sortie
  file d'attente hiérarchique ← ∅ // initialiser la file à l'ensemble vide
  • Initialisation
  forall $p_1 \in$ *imLabels* **do**
    if *imLabels(p_1)= label-fond // passage au point suivant* **then**
      continuer
    forall $p \in \mathcal{N}_{p_1} \backslash p_1$ *// Parcours du voisinage du point central p_1* **do**
      if *imLabels(p) = label-fond ; // les voisins sans label sont ajoutés dans la file* **then**
        file← ajouter p à la priorité imRelief(p)

  • Croissance de régions
  while *file non vide* **do**
    p_1 ← le point le plus prioritaire de la file (d'altitude minimale)
    forall $p \in \mathcal{N}_{p_1} \backslash p_1$ *// Parcours du voisinage du point central p_1* **do**
      if *imLabels(p) = label-fond ; // les voisins sans label sont ajoutés dans la file* **then**
        file← ajouter p à la priorité imRelief(p)
        imSortie(p) = imLabels(p_1)
end
---

ces germes sont identifiés dans l'image de gradient comme un ensemble de pixels avec un niveau de gris localement minimal (les minima locaux de l'image de gradient). Toutefois, si la croissance de régions démarre sur tout les minima locaux, l'image est fortement fragmentée en un nombre important de régions homogènes, qui ne sont pas toutes significatives (sur-segmentation de l'image). Plusieurs solutions ont été proposées dans la littérature afin de pallier cet inconvénient. Ces solutions font toutes appel, aux étapes suivantes : 1/ pré-traitement de l'image initiale ; 2/ sélection d'un ensemble réduit de minima locaux les plus significatifs ; 3/ post-traitement par fusion des régions non-significatives. Nous tenons à préciser dès à présent que ces trois solutions ont été prises en considération dans notre approche de segmentation d'orthophotoplans. Mais pour revenir à la réduction de germes, plusieurs algorithmes ont été proposés dans la littérature afin de réduire le nombre de minima locaux non-pertinents. La méthode la plus simple consiste en la sélection interactive des germes initiaux par l'utilisateur [Yan 2006] ou en utilisant une connaissance à priori de l'image [Meyer 1990]. Une autre approche qualifiée de dynamique et proposée dans [Najman 1996] consiste à ordonner tous les minima locaux et sélectionner uniquement ceux se trouvant au-dessus d'un seuil. L'approche introduite dans [Grimaud 1992] consiste quant à elle à fournir un schéma de sélection intuitif contrôlé par un seul paramètre τ à l'aide de la reconstruction en niveau de gris [Vincent 1993]. Dans le cadre de notre application, nous avons opté pour un opérateur de sélection de minima locaux tel que défini dans [Cohen 2010]. Cet opérateur est piloté par deux paramètres α et β (à fixer selon l'application visée) qui définissent le pourcentage de germes à retenir tout en conservant l'entropie de la répartition des germes dans l'image.

Notons que la diminution du nombre de minima locaux (et donc des germes) garantit une bonne réduction de sur-segmentation et par conséquent, une meilleure segmentation de l'image. Toutefois, une sous-segmentation peut naître lorsque les critères adoptés pour le filtrage des germes sont trop sélectifs. La figure 4.6 illustre quelques résultats de segmentation avec différents pourcentage de germes. Sur cette figure, nous pouvons aisément voir l'influence du paramètre de sélection/réduction des germes sur la segmentation produite. La segmentation générée à partir de tous les minima locaux, initialisant chacun une croissance de régions (cf. figure 4.6b), s'avère très médiocre car l'image est fortement sur-segmentée en un grand nombre de régions homogènes (168 régions) qui ne sont pas toutes significatives. A l'inverse, l'image est sous-segmentée (plusieurs pans de toitures sont perdus) dans le cas où le nombre de minima locaux est trop réduit (cf. figure 4.6e). Notons que le couple (α=10, β=15) semble être un bon compromis entre une atténuation suffisante de sur-segmentation et une restitution correcte des structures principales de la toiture (pas de sous-segmentation de l'image). En effet, la segmentation correspondante s'avère pertinente car la plupart des pans y sont présents avec une faible sur-segmentation de la toiture (14 régions seulement). Les résultats finaux de segmentation qui seront générés par l'approche de segmentation d'orthophotoplans proposée dans ce manuscrit, sont calculés à partir de ces deux valeurs.

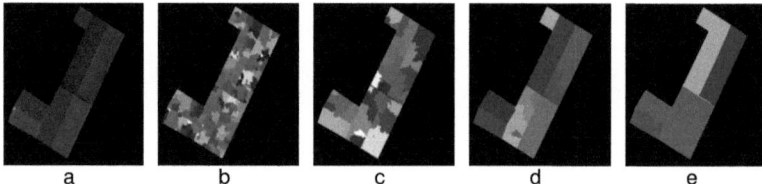

FIGURE 4.6 – Exemple de réduction de germes (a) l'image initiale ; les images segmentées avec (b) tous les minima locaux (168 régions) ; (c) α=1, β=5 (40 régions) ; (d) α=10, β=15 (14 régions) ; (e) α=10, β=80 (sous-segmentation avec 6 régions seulement).

□ **L'image de gradient :** La LPE régions partitionne l'image en différentes régions homogènes à partir des germes initiaux. Toutefois, le bruit et les irrégularités locales de l'image de gradient affectent l'image à segmenter et entraînent une sur-segmentation de celle-ci. En conséquence, le résultat de la segmentation par LPE-régions est fortement dépendant du choix du gradient utilisé. Afin de définir le meilleur gradient à utiliser en entrée de la LPE, les différentes méthodes décrites en amont dans ce chapitre ont été testées. Nous rappelons que ces méthodes sont classées en deux catégories : les méthodes calculant le gradient niveaux de gris et les méthodes calculant le gradient couleur. Les opérateurs issus de la première catégorie sont : 1/ la dérivée première de l'image (noté Gradient dans la figure 4.10) ; 2/ le gradient morphologique niveaux de gris (noté GradientM dans la figure 4.10) ; 3/ NonMaximaSuppression, 4/ Sobel, 5/ Roberts, 6/ Prewitt, 7/ Deriche et 8/ Shen. Quant à la deuxième catégorie relative aux gradients couleur, les opérateurs testés sont : 1/ le gradient marginal (noté GradientC dans la figure 4.12), 2/ le gradient morphologique couleur (noté GradientMC dans la figure 4.12), 3/ Sobel couleur (noté SobelC dans la figure 4.12), 4/ Sobel TLS (noté SobelTLS dans la figure 4.12), 5/ l'opérateur de Carron et 6/ l'opérateur de Di-Zenzo.

4.4.3/ Evaluation de la segmentation

4.4.3.1/ Base d'images

Les tests présentés dans cette thèse ont été réalisés sur un orthophotoplan fourni par la Communauté de l'Agglomération Belfortaine (CAB 2008). Cet orthophotoplan comporte 100 toitures hétérogènes en termes de couleur et de texture. Afin d'effectuer les tests et évaluer les résultats de segmentation obtenus, nous avons créé deux types de bases : une base de test et une base de référence :

- La base de test est constituée de 100 toitures extraites de l'orthophotoplan à partir de l'empreinte au sol (cf. frontière rouge sur l'image de la figure 4.7.a) qui nous a été fournie. Les toitures extraites présentent des tailles différentes et sont de complexité variée. La plupart de ces toitures comportent plusieurs détails tels que des petits pans de toitures, fenêtres, cheminées, chiens assis, etc (cf. les images de la deuxième et troisième colonnes de la figure 4.8). L'objectif des travaux développés dans le cadre de cette thèse consiste donc à segmenter le plus finement possible ces différents constituants et objets d'intérêt de la toiture.

- La base de référence quant à elle contient les toitures segmentées manuellement par un ou plusieurs experts. Ces images sont appelées vérité terrain ou segmentation de référence, et servent à l'évaluation de la qualité de la segmentation. L'expertise consiste à segmenter les différentes régions d'intérêt de l'image comme les différents pans de la toiture, les cheminées, les chiens assis, les fenêtres, etc., afin de pouvoir les comparer aux régions issues de la segmentation automatique.

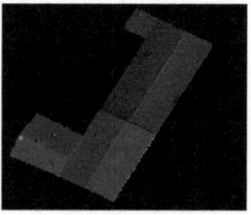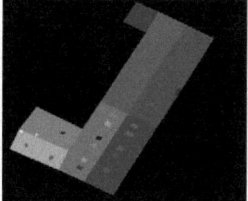

FIGURE 4.7 – Exemple de toiture et sa vérité terrain correspondante. (de gauche à droite : toiture avec l'empreinte au sol, toiture à segmenter et la vérité terrain correspondante).

4.4.3.2/ Méthode d'évaluation de la segmentation

Dans le cadre de notre application, une évaluation précise est nécessaire pour comparer les résultats de segmentation obtenus aux étapes clés de l'approche de segmentation d'orthophotoplans proposée. Les figures 4.8 et 4.9 illustrent respectivement quelques images de la base de test et les segmentations de référence correspondantes (résultat auquel notre segmentation doit se rapprocher). De nombreuses méthodes d'évaluation existent dans la littérature et peuvent être classées en deux catégories : méthodes sans et avec vérité terrain.

FIGURE 4.8 – Exemples de toitures de la base de test.

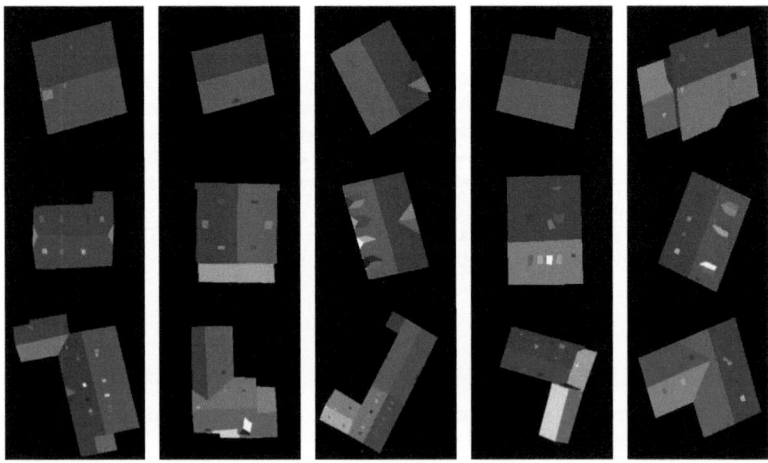

FIGURE 4.9 – Les segmentations de référence (vérités terrain) correspondantes aux images présentées sur la figure 4.8.

- La première catégorie rassemble les méthodes d'évaluation dites sans référence ou non supervisées. Leur principe consiste soit à estimer des critères analytiques, soit à estimer la qualité d'un résultat de segmentation à partir de statistiques calculées sur les régions comme l'écart-type, la disparité de chaque région, la variation de couleur à l'intérieur des régions, la variation de contraste entre les régions ou encore la taille des régions. Parmi ces méthodes, nous pouvons citer : la mesure F introduite par Liu et Yang [Liu 1994], la mesure F' (qui est une version modifiée de la mesure F) introduite par Borsotti et al. [Borsotti 1998], la mesure Q de Borsotti et al. [Borsotti 1998], la mesure E basée sur l'entropie de l'image introduite par Zhang et al. [Zhang 2004], le contraste inter-région de Levine et Nazif [Levine 1985], le MSE (Mean Square Error), le PSNR (Peak Signal to Noise Ratio), etc. Ces différents critères présentent l'avantage d'être indépendants des images à traiter et ne nécessitent aucune segmentation de référence. Ils sont généralement utilisés dans le cadre d'applications où la construction d'une base de vérité terrain est délicate et gourmande en temps. Nous pouvons citer par exemple des applications de télédétection pour l'agriculture (segmentation des zones d'agriculture dans les images aériennes ou satellites) où les images sont volumineuses et la création de la base de connaissance est très coûteuse en temps. En effet, elle demande à être ré-effectuée à chaque changement (disparition de forêts, apparition de nouveaux champs, etc.). À l'heure actuelle, aucun critère d'évaluation ne semble être satisfaisant quelque soit l'application rencontrée. Le lecteur souhaitant plus de détails sur le sujet, pourra se référer aux travaux de Zhang [Zhang 2008] qui donne une revue des méthodes d'évaluation non supervisées.

□ La seconde catégorie regroupe les méthodes évaluant la qualité d'une segmentation en exploitant des connaissances a priori de l'image. Cela consiste le plus souvent à faire appel à une segmentation de référence, appelée aussi vérité terrain, réalisée manuellement par des experts du domaine. La distance de Baddeley [Baddeley 1992], la mesure de Vinet [Vinet 1991], ou la mesure de Hausdorff [Huttenlocher 1993] sont des exemples de critères d'évaluation supervisés. Pour de plus amples détails sur les méthodes d'évaluation supervisées de segmentation d'images, le lecteur pourra se référer aux travaux suivants [Zhang 1996], [Foliguet 2000].

Pour ce qui est de la méthode d'évaluation utilisée dans le cadre de cette thèse, nous avons choisi la mesure de Vinet [Vinet 1991]. En effet, disposant d'une segmentation de référence pour chaque toiture, le critère de Vinet semble bien adapté. Rappelons donc en détails le principe de ce critère qui repose sur la détermination des couples de régions assurant un recouvrement maximum entre les deux segmentations (automatique et de référence) et la caractérisation de la dissimilarité par la proportion de pixels ne participant pas à ce recouvrement.

Ce critère est utilisé pour comparer le résultat d'une segmentation $X = \bigcup_{i=1}^{m} X_i$ avec une segmentation de référence (vérité terrain) $Y = \bigcup_{j=1}^{n} Y_j$. Il part de l'hypothèse que les deux classes (X et Y) sont à apparier si elles ont un ensemble maximal commun de pixels. Les différentes étapes de l'algorithme sont :

1. Définition de la table de superposition T par :

$$T(i,j) = Card(X_i \cap Y_j), \quad \forall \ i = 1....m \quad (4.81)$$
$$\forall \ j = 1....n$$

où $Card(X_i \cap Y_j)$ est le nombre de pixels appartenant à la région X_i dans le résultat de segmentation et à la région Y_j dans la vérité terrain.

2. Recherche du couple de régions $(X_{i1}; Y_{j1})$ de recouvrement maximal tel que :

$$T(i_1, j_1) \geq T(i, j), \forall i, j \quad (4.82)$$

On note $c_1 = T(i_1, j_1)$

3. Itération jusqu'à obtenir $(X_{ik}; Y_{ik})$, avec $k = min(m; n)$, tel que :

$$T(i_k, j_k) \geq T(i, j), \forall i \neq i_1, i_2, .., i_{k-1} \qquad (4.83)$$
$$\forall j \neq j_1, j_2, .., j_{k-1}$$

4. Calcul de la mesure de dissimilarité par :

$$d_{Vinet} = 1 - \sum_{i=1}^{K} c_i / Card(I) \qquad (4.84)$$

Notons que cette mesure donne une valeur comprise entre 0 et 1 et que plus la valeur retournée est proche de 1, plus la segmentation est considérée comme satisfaisante.

4.4.4/ CHOIX DU COUPLE

Dans cette section, nous allons exposer les résultats de segmentation obtenus sur la totalité des toitures de la base de test en vue de définir le meilleur couple invariant/gradient. En effet, comme indiqué plus en amont, nous cherchons à simplifier l'image initiale par un invariant afin de limiter les effets de sur-exposition, ombres, etc. Or, le gradient utilisé en entrée de la LPE sera calculé sur l'image simplifiée. Il convient donc de définir le meilleur couple invariant/gradient. Pour ce faire, nous utilisons l'information disponible en niveaux de gris (en définissant un couple composante couleur d'un invariant/gradient niveaux de gris) mais aussi en couleur (en définissant un couple invariant/gradient couleur). Nous avons également optimisé l'image de germes utilisée en entrée de la LPE. Ainsi, une série de tests a permis de définir la valeur optimale des paramètres α et β de l'opérateur de sélection de minima locaux (cf. section 4.4.2). L'optimisation de ces deux images (image de germes obtenue avec la valeur optimale des paramètres (α, β) et l'image de gradient obtenue par l'application du meilleur couple invariant/gradient) assure ainsi une réduction considérable de l'effet de sur-segmentation générée par une LPE. Les résultats présentés ci-après sont obtenus avec les valeurs (α=10, β=15). Les figures 4.10 et 4.12 illustrent respectivement les résultats de segmentation obtenus avec un couple composante couleur d'un invariant colorimétrique/gradient niveaux de gris, et avec un couple invariant colorimétrique/gradient couleur. Pour plus de lisibilité, nous nous sommes contentés de ne présenter sur ces graphiques que les résultats obtenus sur 18 invariants ayant donné des résultats représentatifs, parmi les 24 invariants colorimétriques énoncés dans la section 3.

En considérant l'information de niveaux de gris, nous montrons que les résultats de segmentation dépendent grandement de la composante couleur sélectionnée. En effet, la figure 4.10 montre que pour les trois composantes X, Y et Z des invariants Greyworld, normalisation affine, Maximum-Intensité (noté Mintensity dans les figures 4.10 et 4.12), MaxRGB et Rgb-rang, les valeurs de Vinet sont élevées (ce qui indique que les résultats sont meilleurs) par rapport aux composantes couleur des autres invariants colorimétriques, et ce, pour la plupart des gradients niveaux de gris utilisés à l'exception

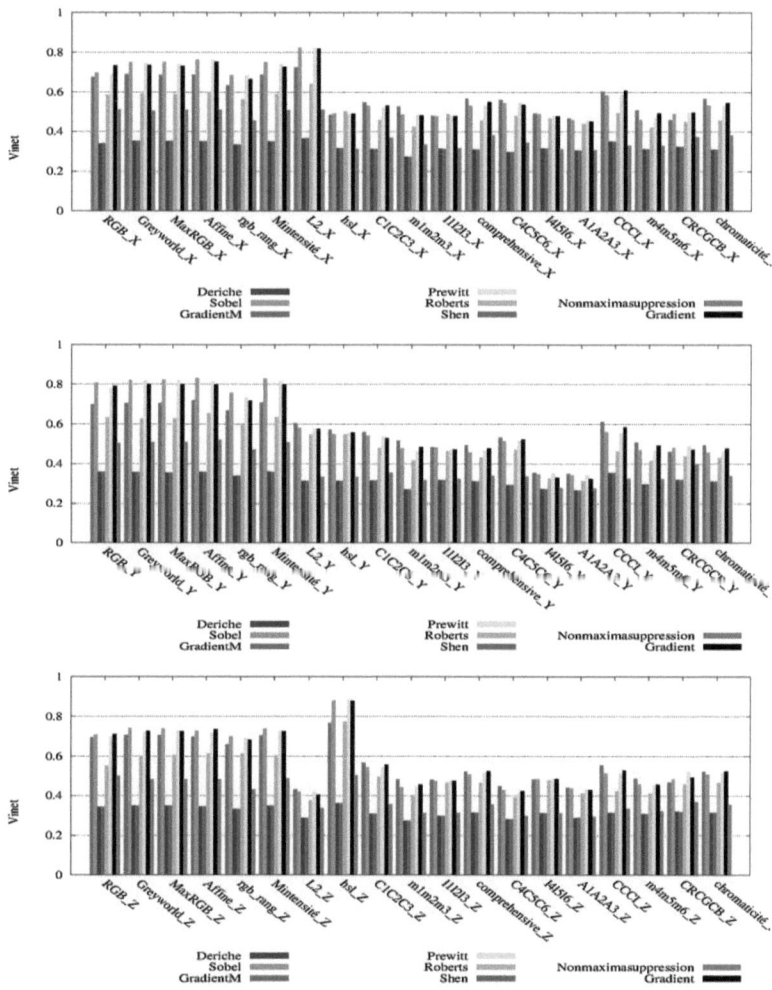

FIGURE 4.10 – Résultats de segmentation obtenus à partir de couples composante couleur (d'un invariant colorimétrique)/gradient niveaux de gris. (de haut en bas : les résultats de segmentation sur la composante X (haut), Y (milieu), et Z (bas) de l'espace considéré).

de Shen et de Deriche. En effet, pour ces deux derniers, les valeurs moyennes de Vinet sont très faibles par rapport aux autres gradients et ce, indépendamment de l'invariant colorimétrique appliqué, ce qui indique une sur-segmentation des images associées. Ceci peut s'expliquer par le fait que ces deux gradients provoquent un fort lissage de l'image entraînant ainsi une valeur de gradient faible pour la majorité des pixels de l'image. En conséquence, les germes ont une forte tendance à croître, ce qui conduit à une image fortement sur-segmentée. Nous pouvons alors aisément déduire que ces deux gradients semblent ne pas être adaptés aux exigences de notre application. En conclusion, dans le cadre de notre application, les invariants colorimétriques Greyworld, normalisation affine, Maximum-Intensité, MaxRGB et Rgb-rang, sont les plus significatifs, et donnent les meilleurs résultats de segmentation indépendamment de la composante utilisée. Il est aussi important de noter que seulement la composante X de la normalisation L2 (L2-X) et la composante Z de l'espace HSL (hsl-Z) donnent de bons résultats de segmentation.

Le tableau 4.1 illustre les valeurs moyennes de Vinet obtenues en fonction de quelques couples composante couleur d'un invariant colorimétrique/gradient niveaux de gris. Nous pouvons alors établir un ordre de préférence sur l'utilisation des couples composante d'un invariant colorimétrique/gradient niveaux de gris : HSL-Z/Prewitt, HSL-Z/Sobel, HSL-Z/Gradient, Mintensity-Y/Sobel, L2-X/Sobel.

La figure 4.11 illustre quelques exemples de résultats de segmentation sur une série d'images de la base de test obtenus sans invariant, avec la composante Z (Luminance) de l'espace HSL et le gradient de Prewitt. Nous pouvons noter que l'utilisation du couple HSL-Z/Prewitt permet de réduire considérablement l'effet de sur-segmentation dans les zones relativement homogènes par rapport aux résultats obtenus sans l'utilisation de ce couple. A titre d'exemple, prenons l'image de la première colonne de la figure 4.11. Les images segmentées selon les trois composantes couleur de l'espace RGB sont sur-segmentées en un grand nombre de régions dont les couples (nombre de régions, taux de bonne segmentation) sont respectivement (20 régions, 48%) pour la composante rouge, (15 régions, 62%) pour la composante verte, (17 régions, 67%) pour la composante bleue. A contrario, la qualité de segmentation obtenue sur la composante Z (Luminance) de l'espace HSL s'avère meilleure (9 régions, 90%). L'image produite est moins sur-segmentée et les principaux pans de la toiture restent identifiables.

Invariant \ Gradient	GradientM	Sobel	Prewitt	Gradient	NonMaxima-Suppression
RGB-X	67.6%	69.8%	69.2%	73.3%	51%
RGB-Y	69.9%	80.8%	78%	79%	50.3%
RGB-Z	69.3%	70.7%	70.2%	71%	50.1%
L2-X	72.3%	82.5%	82%	81.8%	51%
Mintensity-Y	70.8%	82.8%	81.9%	79.8%	50.7%
RGB-rang	61%	77%	59.5%	80.6%	73.3%
HSL-Z	76.7%	**88%**	**88.4%**	**87.9%**	50.5%
HSL-X	48.2%	49.2%	49%	48.9%	31.2%
HSL-Y	57%	54.8%	55.5%	55.6%	33.4%

TABLE 4.1 – Les valeurs moyennes de Vinet en fonction des couples composante couleur (d'invariant colorimétrique)/gradient niveaux de gris.

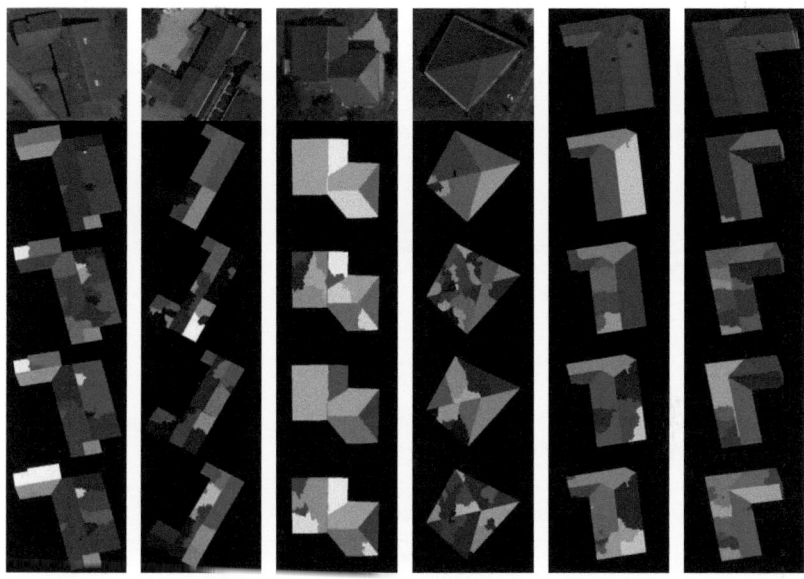

FIGURE 4.11 – Exemples de segmentations obtenues avec le gradient de Prewitt, sans/avec l'utilisation de l'invariant HSL. De haut en bas : l'image initiale, les images segmentées avec les composantes HSL-Z, RGB-X, RGB-Y, et RGB-Z.

Si l'on considère l'information couleur, nous montrons que l'utilisation des invariants colorimétriques Greyworld, normalisation affine, Maximum-Intensité, MaxRGB et Rgb-rang donnent de bons résultats de segmentation, et ce quel que soit le gradient couleur utilisé (cf. figure 4.12). Tout comme l'information niveaux de gris, nous pouvons définir un ordre de préférence sur l'utilisation d'un couple invariant colorimétrique/gradient couleur : Greyworld/Di-Zenzo, Mintensité/Di-Zenzo, MaxRGB/Di-Zenzo, normalisation affine/Di-Zenzo, Mintensité/GradientC. Dans le cadre de notre application de segmentation de toitures à partir d'images aériennes, nous retiendrons donc pour la suite des traitements l'utilisation du couple Greyworld/Di-zenzo. Le tableau 4.2 illustre les valeurs moyennes de Vinet obtenues en fonction de quelques couples invariant colorimétrique /gradient couleur. La figure 4.13 illustre sur quelques images de la base de test, les résultats de segmentation obtenus sans et avec le couple Greyworld/Di-Zenzo. Aux vues de ces illustrations, nous pouvons noter que les segmentations obtenues avec le couple Greyworld/Di-zenzo sont moins sur-segmentées par rapport à celles obtenues sans l'application de ce couple même si elles restent perfectibles. Nous verrons donc dans les chapitres suivants comment la coopération de méthodes de segmentation par LPE peut améliorer ces résultats.

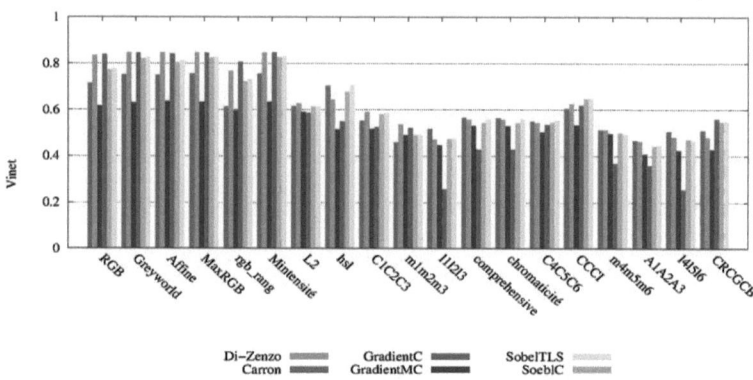

FIGURE 4.12 – Résultats de segmentation obtenus avec l'utilisation de couples invariant colorimétrique/gradient couleur.

Gradient Invariant	Carron	Di-zenzo	MGradient	GradientC	SobelTLS
RGB	71.35%	**83.5%**	61.6%	**83.8%**	77.5%
Greyworld	75.2%	**85%**	63%	**84.7%**	82.7%
MaxRGB	75.5%	**84.5%**	63.3%	**84.6%**	82.5%
M-intensity	76%	**84%**	63.3%	**84.5%**	83.2%
RGB-rang	61%	77%	59.5%	80.6%	73.3%
N-affine	75%	84.5%	63.8%	84.1%	**81.1%**
$c_1 c_2 c_3$	55%	60%	51.6%	52.4%	58.7%
$m_1 m_2 m_3$	46%	54%	49%	52%	49.2%
$l_1 l_2 l_3$	52%	47%	44.7%	25.5 %	47.6%

TABLE 4.2 – Les valeurs moyennes de Vinet en fonction des couples invariant colorimétrique/gradient couleur.

4.5/ CONCLUSION

Dans ce chapitre consacré au choix du meilleur couple invariant/gradient pour la phase de simplification d'images, nous avons tout d'abord rappelé la plupart des invariants colorimétriques et méthodes de gradients niveaux de gris ou couleur, que nous pouvons rencontrer dans la littérature. Ensuite, nous avons montré que certains invariants colorimétriques permettent de mettre en évidence certains objets d'intérêt dans les images (les toits des bâtiments, les zones de végétation, etc), mais semblent ne pas être adaptés aux besoins spécifiques de notre application. En revanche, d'autres invariants ont montré leur efficacité à aboutir à un résultat de segmentation fiable des images de toitures. Nous avons alors développé une stratégie permettant de définir le meilleur couple invariant/gradient pour la segmentation d'images par LPE. L'invariant choisi permet de simplifier l'image initiale et le choix du gradient permet quant à lui d'améliorer la sélection des germes et la qualité de l'image de gradient fournie en entrée de la LPE. Nous

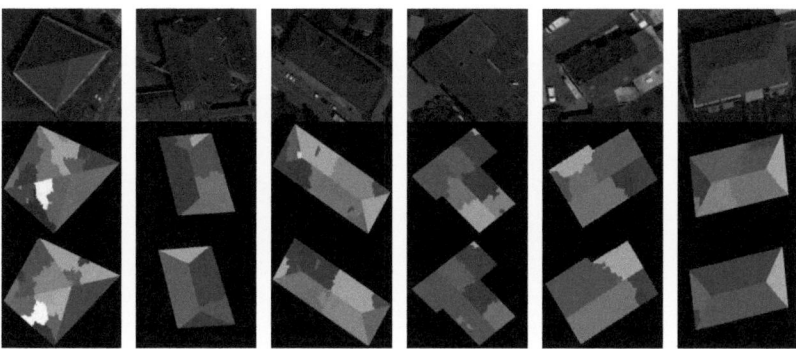

FIGURE 4.13 – Exemples de segmentations obtenues sans/avec le meilleur couple invariant/gradient. De haut en bas : l'image initiale, l'image segmentée sans invariant et l'image segmentée avec le couple Greyworld/Di-zenzo.

avons conclu que le couple Greyworld/Di-zenzo couplé à une segmentation par LPE fournit une segmentation correcte des toitures. Il convient néanmoins de signaler que l'usage d'une étape de simplification, même si elle est relativement fréquente en pré-traitement d'une phase de segmentation, n'est assurément pas la seule solution envisageable. Toute autre opération susceptible de fournir des solutions pertinentes par rapport aux structures à segmenter peut être considérée. Dans le chapitre suivant, deux pistes permettant d'améliorer la qualité des outils de segmentation des toitures seront discutées.

5

SEGMENTATION PAR LPE-RÉGIONS ET PAR LPE-CONTOURS

5.1/ INTRODUCTION

La Ligne de Partage des Eaux (LPE ou watershed en anglais) est l'une des techniques de segmentation les plus puissantes de la morphologie mathématique. Bien qu'elle soit habituellement considérée comme une approche de segmentation par croissance de régions, plusieurs auteurs [Smet 1999], [Hodneland 2007], [Meyer 2012] ont souligné que cet outil de segmentation peut être attribué à la fois aux techniques de segmentation par contours et aux techniques de segmentation par croissance de régions. Nous y retrouvons donc une première version basée sur un processus récursif d'immersion [Vincent 1991] et une seconde basée sur des fonctions de distance géodésique (distance topographique) [Meyer 1991]. Pour plus de détails à ce sujet, le lecteur pourra se reporter aux travaux de Roerdink et Meijster qui présentent une étude approfondie des différents algorithmes de LPE [Roerdink 2001]. Dans le cadre de nos travaux sur la segmentation de toitures à partir d'images aériennes, nous proposons deux techniques de segmentation : l'une est basée sur une LPE-régions et l'autre sur une LPE-contours. La première technique s'appuie sur l'approche de segmentation par LPE-régions (algorithme de Meyer) [Meyer 1991] couplée à une technique de fusion de régions utilisant la caractérisation des arêtes des toitures. La deuxième technique est basée sur la segmentation par LPE-contours (algorithme de Vincent & Soille) [Vincent 1991]. L'idée ensuite est de faire coopérer ces deux techniques de segmentation afin d'obtenir de meilleurs résultats. La stratégie de coopération que nous proposons sera présentée dans le chapitre suivant.

Ce chapitre est structuré de la manière suivante. Nous commençons par détailler l'approche de segmentation basée sur l'algorithme de LPE-régions introduite par Meyer [Meyer 1991]. Puis, nous présentons notre technique de caractérisation 2D des arêtes de toitures. Cette dernière comprend un ensemble de sous étapes permettant de créer, améliorer et optimiser le modèle 2D des arêtes. Nous détaillons ensuite la procédure de fusion de régions proposée afin de pallier le problème de sur-segmentation généré naturellement par les algorithmes de LPE. Dans un deuxième temps, nous détaillons l'approche de segmentation basée sur l'algorithme de LPE-contours développé par Vincent & Soille [Vincent 1991]. Enfin, nous terminons ce chapitre en discutant les résultats expérimentaux obtenus via les deux approches de segmentation par LPE, et montrons l'intérêt de faire coopérer ces deux techniques de segmentation.

5.2/ Approche LPE-régions

Rappelons qu'au stade actuel de notre approche de segmentation de toitures, nous disposons d'une segmentation préliminaire obtenue par application de la LPE-régions (introduite par Meyer [Meyer 1991]) sur l'image préalablement simplifiée par le meilleur couple invariant/gradient (déterminé dans le chapitre précédent). A l'issue de cette étape, bien que les résultats de segmentation soient encourageants, nous ne pouvons pas nous satisfaire du niveau de partitionnement obtenu. En effet, même si le résultat de segmentation est considérablement amélioré par cette étape de pré-traitement, le problème de sur-segmentation persiste toujours. Les régions homogènes des toitures restent encore fragmentées en plusieurs entités. Une étape complémentaire consistant à fusionner des régions similaires est donc envisagée. La figure 5.1 met en évidence cette étape de fusion dans le processus de segmentation déjà considéré. En théorie, cette solution trouve naturellement sa place dans le cadre de la segmentation d'images et est très fréquemment utilisée pour simplifier l'image sur-segmentée obtenue par la LPE. Dans le cadre de notre application, nous proposons une technique de fusion de régions basée sur des critères faisant intervenir des grandeurs radiométriques et géométriques basés sur les particularités des orthophotoplans traités et calculés à partir de la caractérisation 2D des arêtes de toits [El-merabet 2012] (cf. figure 5.2).

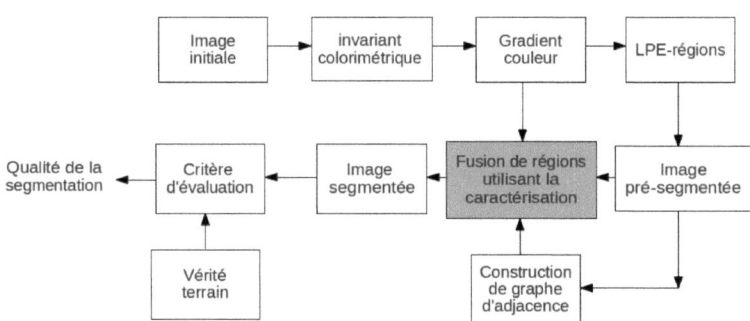

FIGURE 5.1 – Synopsis de l'approche de segmentation par LPE-régions suivie d'une fusion de régions.

5.2.1/ Caractérisation des arêtes des toitures

Considérant une image segmentée en régions, la caractérisation des arêtes des toitures consiste à définir un modèle 2D composé de plusieurs segments décrivant les arêtes de toits. Le processus de caractérisation est basé sur le résultat de la segmentation préliminaire obtenue par la LPE-régions avec application du meilleur couple invariant/gradient. Dans un premier temps, cela consiste à extraire les frontières des régions de l'image pré-segmentée. Dans un deuxième temps, l'information sur les frontières extraites est exploitée pour transformer les arêtes de toits en segments. Notons que chaque arête de toits n'est caractérisée que par un seul et unique segment (les extrémités correspondent aux noeuds reliant l'arête). Les relations de jonction entre ces segments (arêtes) perme-

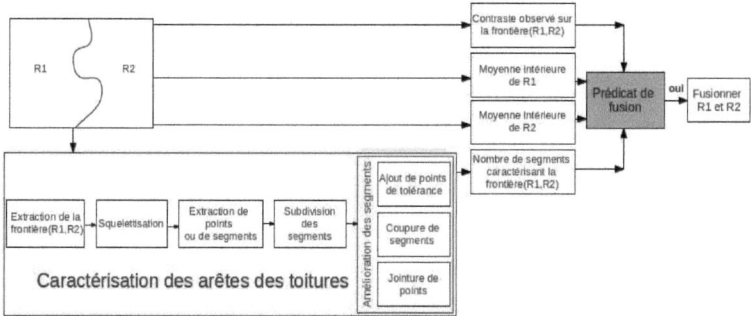

FIGURE 5.2 – Schéma récapitulatif de l'algorithme de fusion de régions (cf. bloc en gris illustré sur la figure 5.1).

ttent de mettre en évidence les noeuds. Cette étape d'extraction de segments est suivie de plusieurs sous étapes permettant d'améliorer le modèle de segments : la coupure de segments, l'amélioration des intersections, le regroupement ou la jointure de points proches, etc. Décrivons maintenant plus en détail les différentes étapes de ce processus de caractérisation des arêtes des toitures.

5.2.1.1/ EXTRACTION DES FRONTIÈRES DE L'IMAGE SEGMENTÉE

Cette première étape d'extraction de frontières constitue la pierre angulaire de la procédure de caractérisation des arêtes des toitures et influence énormément sur la qualité des résultats finaux. Comme indiqué précédemment, le type d'image en sortie de l'étape préliminaire de segmentation est une carte de régions, c'est-a-dire que chaque pixel se voit attribuer un numéro correspondant au label de la région à laquelle il appartient (cf. figure 5.3b). Les pixels ayant le même label se voient attribués une même couleur permettant ainsi d'identifier rapidement les différentes régions de l'image. L'extraction des frontières s'effectue en balayant l'image segmentée suivant les directions x et y (horizontale et verticale). Tout pixel se trouvant dans l'état de transition entre deux régions différentes (régions connexes ayant deux labels différents) est considéré comme pixel frontière (représenté en blanc sur la figure 5.3c).

5.2.1.2/ SQUELETTISATION

A l'issue de l'étape précédente, nous obtenons des frontières d'épaisseur supérieur à 1-pixel (cf. figure 5.3c). L'objectif final étant l'obtention d'un modèle 2D de segments représentant au mieux les arêtes des toitures (un segment ne représente qu'une seule arête), il est alors nécessaire de réduire l'épaisseur des frontières à 1-pixel. Ce procédé appelé squelettisation et est fréquemment utilisé en traitement d'images [Serra 1982], [Zhang 1984], [Toumazet 1990]. Le lecteur désireux de connaître les différentes techniques, pourra se référer à la thèse de Arrivault [Arrivault 2006] qui propose un état de l'art des algorithmes de squelettisation rencontrés dans la littérature. Dans le cadre de notre application, nous avons choisi d'implémenter l'algorithme de Serra [Serra 1982]

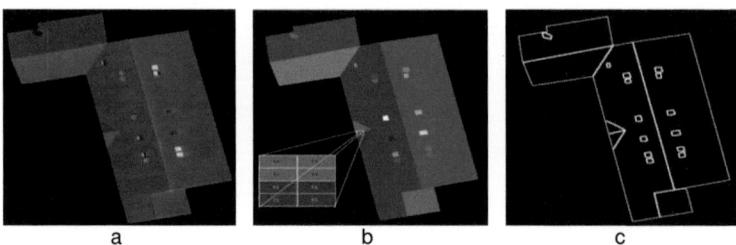

FIGURE 5.3 – Extraction des frontières de l'image de régions. (a) l'image originale, (b) la vérité terrain correspondante et (c) l'image de frontières obtenue.

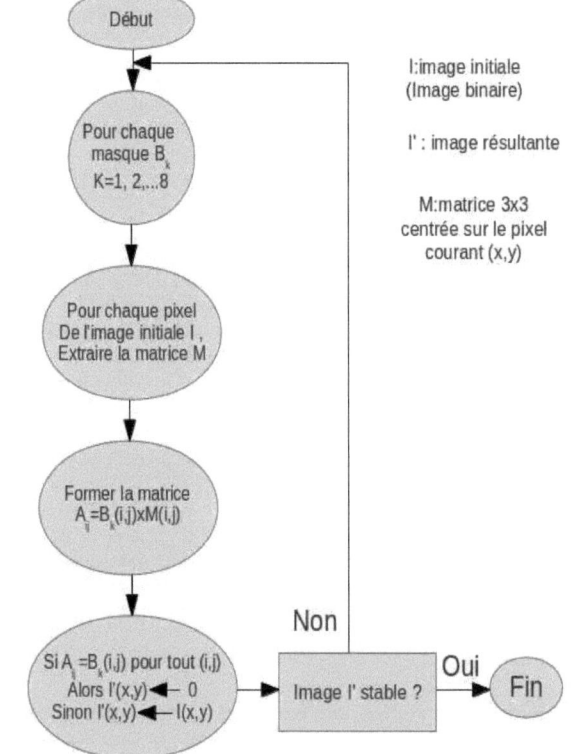

FIGURE 5.4 – Algorithme de squelettisation [Tonye 2000].

décrit sur la figure 5.4. Il s'agit d'un processus récursif qui repose sur une succession d'amincissements effectués jusqu'à obtention d'une structure stable ne pouvant être amincie, c'est-à-dire l'obtention de frontières d'1-pixel d'épaisseur et ne contenant pas de points superflus. L'amincissement est réalisé en balayant l'image avec une série de huit masques d'érosion B_k dans les 8 directions possibles N, NO, O, SO, S, SE, E, NE, comme décrits dans l'équation 5.1. Notons que l'image résultante I' est considérée comme stable lorsqu'elle ne subit plus de changement entre deux itérations successives. Afin de montrer l'intérêt de l'étape de squelettisation, nous illustrons sur la figure 5.5 un exemple de modèles 2D obtenu sans/avec cette étape. Nous constatons alors que le processus de squelettisation permet de réduire le nombre de segments caractérisant la toiture (cf. figure 5.5d). En effet, le modèle 2D obtenu avec squelettisation s'avère meilleur puisque chaque arête n'est caractérisée que par un seul et unique segment. La toiture est caractérisée par 83 segments alors qu'elle l'est par 329 segments sans cette étape de squelettisation (cf. figure 5.5b).

$$B1 = \begin{bmatrix} 0 & 0 & 0 \\ 0 & 1 & 0 \\ 1 & 1 & 1 \end{bmatrix} \quad B2 = \begin{bmatrix} 0 & 0 & 0 \\ 1 & 1 & 0 \\ 1 & 1 & 0 \end{bmatrix} \quad B3 = \begin{bmatrix} 1 & 0 & 0 \\ 1 & 1 & 0 \\ 1 & 0 & 0 \end{bmatrix} \quad B4 = \begin{bmatrix} 1 & 1 & 0 \\ 1 & 1 & 0 \\ 0 & 0 & 0 \end{bmatrix}$$
$$B5 = \begin{bmatrix} 1 & 1 & 1 \\ 0 & 1 & 0 \\ 0 & 0 & 0 \end{bmatrix} \quad B6 = \begin{bmatrix} 0 & 1 & 1 \\ 0 & 1 & 1 \\ 0 & 0 & 0 \end{bmatrix} \quad B7 = \begin{bmatrix} 0 & 0 & 1 \\ 0 & 1 & 1 \\ 0 & 0 & 1 \end{bmatrix} \quad B8 = \begin{bmatrix} 0 & 0 & 0 \\ 0 & 1 & 1 \\ 0 & 1 & 1 \end{bmatrix}$$ (5.1)

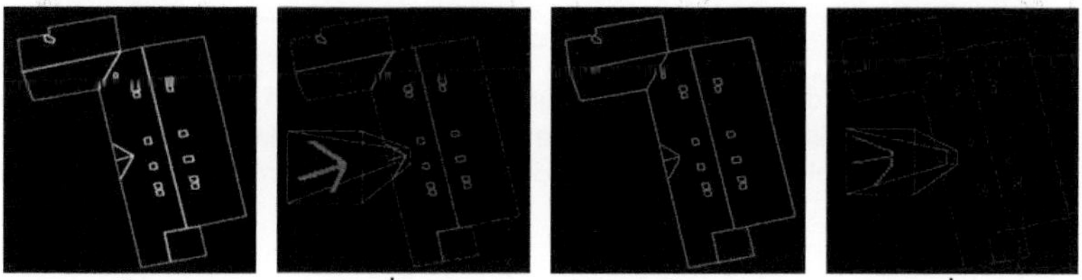

a   b   c   d

FIGURE 5.5 – Influence du processus de squelettisation. (a) les frontières extraites sans squelettisation et (b) le modèle 2D correspondant (toit caractérisé par 329 segments), (c) les frontières obtenues avec squelettisation et (d) le modèle 2D correspondant (toit caractérisé par seulement 83 segments).

5.2.1.3/ EXTRACTION DE POINTS OU DE SEGMENTS

A ce stade de la procédure de caractérisation des toitures, nous disposons de frontières amincies, l'étape suivante consiste alors à exploiter l'information sur ces frontières en vue de les transformer en segments. Ceci est réalisé par la détection de tous les points (pixels) noeuds reliant les arêtes des toitures et où un couple de points constitue un segment (une arête). La détection de ces points se fait à l'aide d'un processus récursif qui consiste à choisir arbitrairement un point frontière comme point de départ dans un segment, et à y ajouter successivement tous ses voisins jusqu'à l'obtention du segment. En d'autre termes, la construction d'un segment est arrêtée une fois que le point à ajouter dans ce segment coïncide avec le point de départ ou avec un point qui a été déjà référencé dans le segment lui même ou un autre segment, c'est-à-dire jusqu'à ce qui il n'y ait plus de points voisins non affectés. Il est à noter que l'ajout d'un point (le point le plus cohérent) à un segment se fait en fonction de la direction courante de ce segment. Le problème de l'ajout d'un point à un segment se pose essentiellement lorsque le dernier point ajouté à ce segment est un point noeud. Par conséquent, le meilleur point adjacent P à ajouter au point noeud N est celui qui maximise le produit scalaire entre le vecteur formé par les points N et P, et celui formé par les 5 derniers points ajoutés au segment. L'algorithme 6 présenté ci-dessous décrit le calcul de la direction courante d'un segment en cours de création (où le dernier point ajouté au segment est un point noeud reliant plusieurs arêtes). Le sens de parcours est inversé quand le processus d'ajout de points est arrêté. Cela permet de corriger le point de départ choisi arbitrairement dans un segment. Les pixels à partir desquels le sens de parcours est inversé ou à partir desquels la création de segment est arrêtée, sont marqués comme extrémités (noeuds) des segments. Le processus est répété tant qu'il y a des points frontières non affectés à des segments. La figure 5.6 illustre un exemple concret du processus de création des segments.

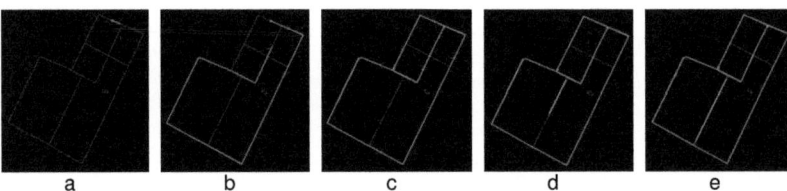

    a   b   c   d   e

FIGURE 5.6 – Principe de la création des segments : Illustration de quelque cas possibles. (a) et (d) choix arbitraire d'un point de départ, (b) choix du meilleur point suivant, (c) et (e) le point à ajouter coïncide avec un point déjà référencé : le sens du parcours est alors inversé.

Algorithme 6 : Choix de meilleur point à ajouter à un segment

begin
    vectorLength(point N ; point P) ← longueur du vecteur connectant le point N au point P
    seg ← le segment en cours
    ptD ← (taille(seg) > 5) ? 5ème avant dernier point du segment seg : début de segment seg
    ptF ← le dernier point ajouté au segment seg
    listePoint ← l'ensemble des points adjacents au point ptF
    maxValue ← 0
    if *ptD AND ptF non nul* **then**
        for *tous les points pts de listePoint* **do**
            denominateur ← vectorLength(ptD ; ptF)*vectorLength(ptF ; pts)
            tempValue ← le produit scalaire entre [ptD ; ptF] et [ptF ; pts] /denominateur
            if *tempValue > maxValue* **then**
                maxValue ← tempValue
                meilleurPoint ← pts
end

5.2.1.4/ SUBDIVISION DES SEGMENTS

Un inconvénient du processus de construction de segments est l'obtention d'un modèle dont les segments ne représentent pas fidèlement la forme réelle des arêtes de toits. En effet, on obtient souvent un modèle où plusieurs arêtes sont caractérisées par un seul segment. La première image de la figure 5.7 illustre cet inconvénient. La totalité des arêtes de la partie extérieure de la toiture est représentée par un seul segment avec ses deux extrémités confondues (le point situé en haut de l'image). Il en résulte que la direction du segment n'est pas définie (le point de départ est aussi le point d'arrivé du segment). Pour pallier cet inconvénient, nous procédons à une subdivision de ce segment en un ensemble de segments permettant de caractériser au mieux la forme finale des toits où chaque segment représente une seule arête (dernière image de la figure 5.7). L'algorithme 7 décrit le processus de subdivision de segments. Etant donné un segment [ptD, ptF] à subdiviser, l'objectif est de trouver à l'intérieur de ce segment, le meilleur point pt (point noeud) qui maximise la somme des longueurs des vecteurs formés d'une part par les points ptD et pt et d'autre part par les points pt et ptF. Le processus de subdivision se poursuit jusqu'à ce que l'algorithme 7 retourne NULL pour tous les segments du modèle 2D.

Algorithme 7 : Calcul du point noeud
begin
   seg ← segment candidat à la subdivision
   vectorLength(point N ; point P) ← longueur du vecteur connectant le point N au point P
   listePoint ← tous les points du segment seg
   (ptD,ptF) ← les extrémités du segment seg
   globalLength ← longueur du segment seg
   maxLength ← 0
   tempLength ← 0
   for *tous les points pts de la liste listePoint* **do**
      if *(pts != ptD AND pts !=ptF)* **then**
         tempLength ← vectorLength(pts ; ptD) + vectorLength(pts ; ptF)
         if *(tempLength > maxLength)* **then**
            maxLength ← tempLength ;
            meilleurPoint ← pts ; // le meilleur point indique le point noeud
   threshold ← seuil de subdivision déterminé expérimentalement
   if *((maxLength / globalLength) > threshold)* **then**
      return meilleurPoint
   else
      return NULL
end

5.2.1.5/ AMÉLIORATION DES SEGMENTS

Les tests effectués sur les toitures de la base de tests montrent que les étapes du processus de caractérisation que nous avons détaillées jusqu'à présent donnent des modèles qui se rapprochent de la forme réelle de la toiture dans le cas des toits à forme simple. A

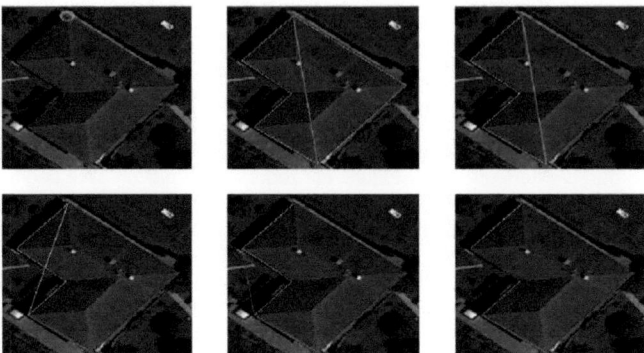

FIGURE 5.7 – Exemple de subdivision d'un segment ne représentant pas fidèlement la forme finale des arêtes de toit.

l'inverse, pour des toits à forme plus complexe, nous obtenons des modèles moins fidèles aux formes réelles des toitures. Il est donc nécessaire d'améliorer le processus de caractérisation. Cette amélioration passe par un ensemble d'opérations, comme l'ajout de points de tolérance, la coupure de segments, et la jointure de points. Ces opérations sont motivées et détaillées ci-après.

- **Ajout de points de tolérance :** Une des conséquences des conditions d'arrêt du processus de construction de segments est qu'un point frontière ne peut être affecté qu'à un seul segment, c'est-à-dire que, deux segments voisins ne peuvent pas avoir des points en commun, comme illustré sur l'image a de la figure 5.8. En effet, sur la figure 5.8.b, l'extrémité du segment orange ne doit pas être le point étiqueté 1 (couleur marron) mais le point étiqueté 2 (couleur rouge). Le segment en gris de la figure 5.8.b, doit aussi être subdivisé en deux segments représentés en bleu et vert sur la figure 5.8.c. Pour ce faire, nous procédons à l'ajout d'un « point de tolérance » à chaque fin de construction de segment. S'il existe, ce point est un point frontière référencé dans un segment.

  D'un point de vue algorithmique, l'ajout d'un point de tolérance n'est autorisé que si l'angle formé entre le vecteur impliquant les 5 derniers points du segment courant, et le vecteur impliquant le dernier point de segment et le point de tolérance, est inférieur à $\pi/2$. On vérifie donc que le produit scalaire entre ces 2 vecteurs est supérieur à 0.
  La figure 5.8.d illustre un exemple où l'ajout de point de tolérance n'est pas autorisé car le produit scalaire entre les vecteurs délimités par les points noir pour le premier et orange pour le deuxième est négatif.
  L'algorithme 8 décrivant ce processus d'ajout de points de tolérance est donné ci-dessous. La figure 5.9 illustre l'apport de cette étape où le modèle 2D obtenu caractérise au mieux la forme finale de la toiture.

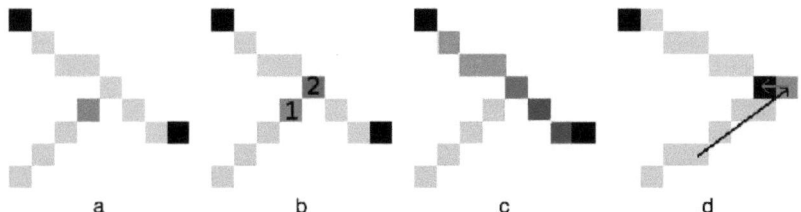

FIGURE 5.8 – Les différentes étapes du processus d'ajout de point de tolérance et un exemple (image d) où l'ajout de point de tolérance n'est pas autorisé.

Algorithme 8 : algorithme d'ajout de points de tolérance
begin
vectorLength(point A ; point B) ← longueur du vecteur connectant le point A au point B
PtF ← dernier point du segment
Pt5AvantFin ← 5ème avant dernier point du segment
PtsCandidats ← Récupérer tous les points frontières adjacents au dernier point ptF
PtSuivant ← Choisir le meilleur point parmi PtsCandidats (Algorithme 6)
denominateur ← vectorLength(Pt5AvantFin ; PtF) * vectorLength(PtF ; PtSuivant)
scalarProduct ← le produit scalaire entre [Pt5AvantFin ; PtF] et [PtF ; PtSuivant]
if *scalarProduct / denominateur* ⩾ *0* **then**
Ajouter le point PtSuivant comme point de tolérance
end

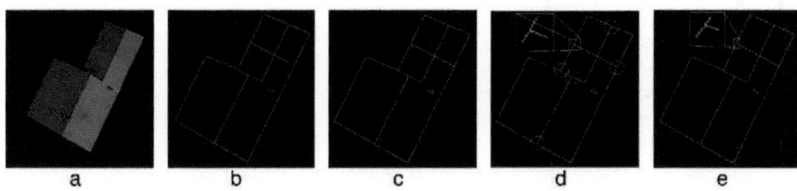

FIGURE 5.9 – Amélioration du modèle 2D de la toiture par l'ajout de points de tolérance. (a) image initiale, (b) image de frontières, (c) modèle 2D obtenu sans subdivision de segments, (d) modèle 2D obtenu sans ajout de points de tolérance, (e) modèle 2D obtenu avec ajout de points de tolérance.

- **Coupure de segments** : A l'issue de l'étape précédente, nous nous retrouvons avec des intersections de segments, c'est-à-dire, des segments ayant des points de tolérance en commun. Nous procédons alors à une coupure de segments décrite dans l'algorithme 9, afin de disposer de segments qui se suivent (la fin d'un segment correspondant au début d'un ou de plusieurs autres). Notons que cette coupure n'est autorisée que si la longueur minimale du segment candidat est supérieure à 5 points.

- **Jointure de points** : En fonction de la qualité des frontières extraites, du critère d'arrêt dans le processus de construction des segments mais aussi de la forme des arêtes

---
Algorithme 9 : algorithme de coupure de segments
---
begin
   Points ← Tous les points du modèle
   Segments ← Tous les segments du modèle
   for *tous les segments Seg : Segments* **do**
      vectorLength (seg) ← longueur du segment seg
      if *vectorLength>5* **then**
         for *tous les points Pm : Points* **do**
            if *Pm appartient à la zone définie par les extrémités de Seg* **then**
               for *tous les points Ps du segment Seg* **do**
                  if *Pm = Ps* **then**
                     Couper le segment au point Ps
end
---

du toit analysé, il se peut que plusieurs segments censés être joints en un même point soient disjoints (cf. figure 5.10). Pour pallier cet inconvénient, nous procédons à une jointure de points afin d'obtenir un seul point commun à différents segments. Pour ce faire, nous cherchons tout d'abord à créer des groupes de points proches. Nous commençons donc par établir une liste de points de jonction, référençant les segments liés à un point. Ceci est réalisé par l'algorithme 10 décrit ci-dessous.

Algorithme 10 : algorithme de construction de la liste des points de jonction
---
begin
   JPts ← Liste de points de jonction vide
   Segments ← Tous les segments du modèle
   for *tous les segments Seg : Segments* **do**
      ptD ← Premier point du segment
      ptF ← Dernier point du segment
      if *ptD != ptF* **then**
         for *tous les points de jonction JPt : JPts* **do**
            if *JPt = ptD OR JPt = ptF* **then**
               Ajouter Seg à JPt.segs //liste de segments ayant le point JPt
                        //en commun
            if *ptD trouvé AND ptF trouvé* //(ptD trouvé≡(JPt = ptD)) **then**
               Arrêter la boucle
         if *ptD non trouvé* **then**
            Ajouter ptD à JPts
            Ajouter Seg à ptD.segs //liste de segments ayant le point ptD en commun
         if *ptF non trouvé* **then**
            Ajouter ptF à JPts
            Ajouter Seg à ptF.segs //liste de segments ayant le point ptF en commun
end

Les points de jonction ainsi créés sont regroupés en fonction de leur proximité. Afin d'éclairer nos propos, prenons l'exemple de la situation présentée sur la figure 5.10 :

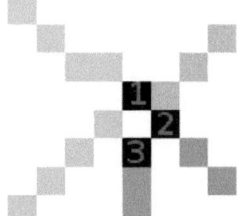

Cette zone met en évidence 3 points de jonction proches :
- Une jonction entre les segments bleu et orange (étiquetée 1)
- Une jonction entre les segments vert et violet (étiquetée 2)
- Une "jonction" ne présentant que le segment rouge (étiquetée 3)

FIGURE 5.10 – Exemple de situation nécessitant de joindre les points de tolérances en un seul point.

L'ajout d'un point à une liste de jonctions n'est autorisé que si ce point est éloigné des points de la liste de moins de 5 pixels. Le processus de création de la liste des Groupes (chacun regroupe un ensemble de jonctions proches) est assuré par l'algorithme 11.

Algorithme 11 : algorithme de construction de la liste des Groupes

begin
    Grps ← Liste de groupes vide
    for *tous les points de jonction JPt : JPts* **do**
        for *tous les groupes Grp : Grps* **do**
            for *tous les points de jonction du groupe JPtGrp : Grp* **do**
                if $|JPt.x - JPtGrp.x| > 5$ OR $|JPt.y - JPtGrp.y| > 5$ **then**
                      JPt n'est pas accepté dans le groupe Grp
            if *JPt est accepté dans Grp* **then**
                Ajouter JPt à Grp
        if *JPt n'a pas été ajouté à un groupe* **then**
            Créer un groupe contenant JPt et l'ajouter à Grps
end

Une fois les points de jonction regroupés par proximité, nous cherchons à joindre l'ensemble des points proches (au sein d'un même groupe) à un seul point de jonction. Cet unique point de jonction est défini en fonction des équations des segments composés par les points du même groupe. La figure 5.11 illustre la position calculée, à partir de l'algorithme 12, du point de jonction par rapport à l'exemple de la figure 5.10. La figure 5.12 illustre un modèle obtenu sans et avec l'étape de jointure de points de jonction (points entourés par les cercles jaunes). La figure 5.13 illustre quant à elle, le modèle 2D obtenu avec cette étape de jointure sur plusieurs toitures.

La caractérisation de la toiture par un modèle 2D étant maintenant optimisée, nous allons voir dans la section suivante, comment la prendre en considération dans un processus de fusion de régions pour améliorer la segmentation issue de la LPE-régions appliquée avec le couple invariant/gradient optimal.

Algorithme 12 : algorithme de jointure des points proches (d'un même groupe)

begin
   ValMin ← seuil initialiser à une certaine valeur
   for *tous les groupes Grp : Grps* **do**
      for *tous les pixels Px dans un voisinage de 5×5 du groupe Grp* **do**
         Val ← 0
         for *tous les points de jonction JPt : Grp* **do**
            for *tous les segments Seg : JPt.segs* **do**
               Val ← Val + valeur de l'équation de Seg au point Px

         if *Val < ValMin AND Px est un point frontière* **then**
            ValMin ← Val
            PointOptimal ← Px // point remplaçant tous les points
                           de jonction d'un même groupe

   for *tous les points de jonction JPt : Grp* **do**
      for *tous les segments Seg : JPt.segs* **do**
         Remplacer le point JPt de Seg par PointOptimal

end

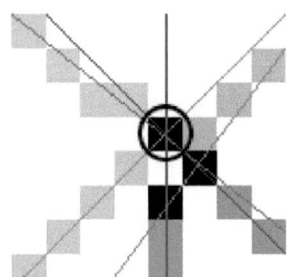

Position du point de jonction calculée en fonction des équations des segments composés par les points du même groupe

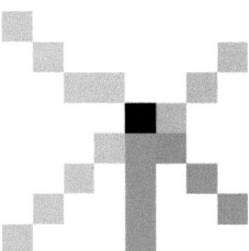

Image corrigée après regroupement des points de tolérance

FIGURE 5.11 – Regroupement des points de tolérance et calcul de la position du point de jonction.

5.2.2/ FUSION DE RÉGIONS

Comme nous l'avons mentionné précédemment, les algorithmes de LPE affichent des résultats intéressants mais restent diminués par l'effet de sur-segmentation qu'elle produit. Ce problème est dû en partie à la présence d'un grand nombre de minima locaux dans l'image de gradient qui est une conséquence directe des variations du niveau de gris dans l'image y compris à l'intérieur des régions homogènes. Ce phénomène est accentué dans le cadre des images fortement bruitées telles que les images de télédétection (les orthophotoplans dans notre cas). Nonobstant cet inconvénient, la LPE continue à constituer la pierre angulaire de plusieurs systèmes employant la segmentation comme

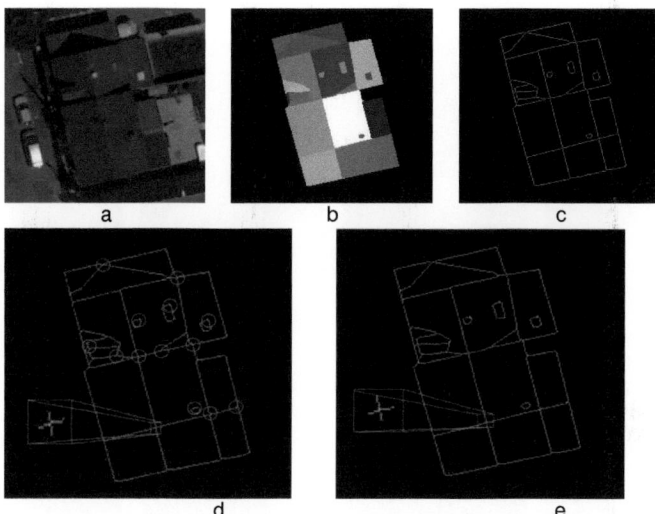

FIGURE 5.12 – Modèles obtenus sans et avec l'étape de jointure de points de jonction. (a) imagette de toiture à caractériser, (b) vérité terrain correspondante, (c) image de frontières, (d) modèle obtenu sans l'étape de jointure de points de jonction et (e) modèle obtenu avec cette étape de jointure.

étape principale du traitement. Dans la suite de ce chapitre, nous donnons quelques une des solutions utilisées dans la littérature pour palier le problème de sur-segmentation. Puis nous décrivons la procédure de fusion de régions que nous avons proposée afin de limiter ce problème dans le cadre de la segmentation des images de toiture, considérées dans notre application.

5.2.2.1/ LA SUR-SEGMENTATION DE L'IMAGE : QUELQUES SOLUTIONS

Le problème de sur-segmentation a été largement abordé dans la littérature et de nombreuses solutions/outils ont été proposés pour palier ce problème. Toutefois, la fiabilité des résultats obtenus est fortement dépendante de l'objectif visé. Les différents algorithmes proposés consistent à filtrer l'image avant d'appliquer la LPE ou encore, à réduire le pourcentage de minima locaux présents dans l'image pour éviter un nombre de régions trop élevé dans l'image segmentée. D'autres méthodes adoptent en post-traitement de la LPE, une fusion de régions pour réduire cet effet de sur-segmentation. Parmi les différentes techniques permettant de traiter le problème de sur-segmentation généré par la LPE, nous pouvons citer :

□ **La LPE contrainte par les marqueurs :** Afin d'obtenir une segmentation pertinente des structures présentes dans l'image, nous cherchons généralement à discriminer les minima devant être pris en compte pour la croissance de régions. Cela revient à utiliser des marqueurs indiquant qu'ils doivent être les sources des bassins versants. L'idée

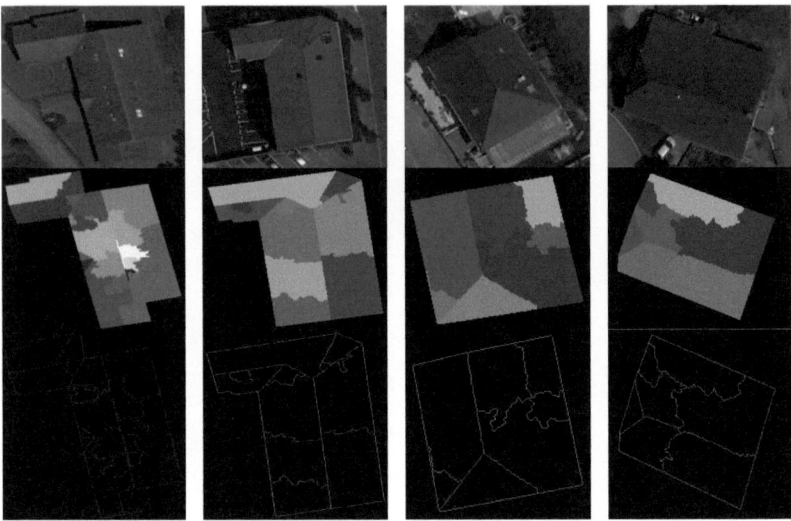

FIGURE 5.13 – Exemples de caractérisation des arêtes des toitures. De haut en bas : l'image initiale, l'image segmentée par LPE-régions et le modèle 2D correspondant (avec prise en compte de toutes les étapes d'amélioration).

de cette technique consiste à modifier l'homotopie de l'image de gradient de façon à réduire le nombre de ses minima locaux [Meyer 1990]. Elle repose sur un marquage des régions à extraire de l'image. Le marqueur d'une région est défini comme étant un pixel ou un ensemble de pixels connexes situés à l'intérieur de la région. L'utilisation des marqueurs, considérés comme des minima locaux, a pour rôle d'imposer seulement la présence de certaines régions. Ceci a pour effet de ne conserver entre les marqueurs que les lignes de crête du gradient les plus élevées et de supprimer tous les autres minima indésirables à l'origine de la sur-segmentation. A titre d'exemple, nous citons quelques techniques d'extraction de marqueurs existantes dans la littérature :

- **Filtrage des minima :** Cette technique repose sur un filtrage morphologique de l'image afin de réduire le nombre de minima locaux de l'image de gradient. Ce type de filtrage permet de préserver les contours dans l'image et par conséquent, de distinguer les objets à segmenter [Serra 1982]. L'extraction des marqueurs se fait de manière automatique sans avoir recours à des connaissances a priori sur les régions à segmenter. Le lecteur pourra se référer à [Perez 2001], pour plus de détails sur le problème d'extraction automatique des marqueurs à partir d'images couleur.

- **Extraction des marqueurs utilisant des connaissances a priori :** Cette technique se base sur des connaissances à priori de l'image à traiter afin de choisir les objets d'intérêt à segmenter. Généralement, les méthodes de segmentation reposant sur ce type de technique utilisent deux sortes de marqueurs : un marqueur pour l'objet et un marqueur pour le font de l'image. Ces méthodes font appel à des méthodes statistiques, de reconnaissance de formes ou de caractérisation géométrique, employant des critères heuristiques (conservation des minima les moins intenses, les plus larges ou les plus contrastés) ou encore des méthodes dites manuelles [Li 2005], [Beare 2006], [Derivaux 2007].

☐ **post-traitement par fusion de régions :** La fusion de régions est une approche populaire en segmentation d'images. Elle est généralement utilisée pour améliorer une segmentation initiale. L'idée consiste à fusionner itérativement les paires de régions voisines candidates à la fusion selon des critères de similarité spectrale et spatiale. Cela fait aussi souvent référence à la définition d'un ordre de fusion, un critère de fusion et un modèle de fusion. Avant de donner de plus amples détails sur la procédure de fusion que nous avons utilisée dans cette thèse, rappelons quelques méthodes de la littérature.

Dans ses travaux, Schettini [Schettini 1993] introduit une fonction de similarité reposant sur une distance colorimétrique pondérée par la longueur relative de la frontière commune des deux régions à fusionner. Le critère de fusion utilisé prend alors en considération la similarité colorimétrique de deux régions et la proximité spatiale.

Flouzat et al. [Flouzat 1998] proposent une méthode spatio-spectrale de croissance et d'agrégation de régions basée sur l'utilisation d'opérations morphologiques et d'un graphe d'adjacence de régions.

Grecu et Lambert [Grecu 1999] proposent quant à eux une technique de fusion de régions basée sur un graphe d'adjacence de régions et une mesure de ressemblance entre régions faisant intervenir des grandeurs radiométriques et géométriques. Les grandeurs radiométriques utilisées sont calculées par rapport aux moyennes de teinte, luminance et saturation des régions ainsi que leurs écarts types respectifs, tandis que les grandeurs géométriques sont calculées par rapport à la surface de chaque région et au périmètre commun aux deux régions à fusionner.

Vanhamel et al. [Vanhamel 2003] proposent d'utiliser la distance couleur de Mahalanobis dans le processus de fusion de régions adjacentes.

Lezoray et al. [Lezoray 2005], [Lezoray 2006], [Lezoray 2007] proposent de réduire l'effet de sur-segmentation de l'image par une fusion de régions appliquée sur le graphe d'adjacence de régions. La fusion entre deux noeuds du graphe est effectuée une fois un critère de fusion vérifié. Trois types de critère basés sur la couleur sont alors définis : 1/la différence de couleur entre deux noeuds est inférieure à un seuil fixe ; 2/ la différence de couleur entre deux noeuds est inférieure à un seuil évolutif augmentant au fur et à mesure des itérations et 3/ la différence de couleur entre deux noeuds est inférieure à un seuil adaptatif utilisant la formulation de Nock et Nielsen [Nock 2004].

Souhila et al. [Guerfi 2005] proposent dans leur travaux de modifier la règle de fusion développée par Andrade [Andrade 1997] pour résoudre le problème de sur-segmentation engendré par l'utilisation de la LPE. Initialement, Andrade propose dans sa méthode une règle permettant d'empêcher ou d'autoriser la fusion des bassins versants au moment de la jonction de deux régions. Cette règle de fusion est fonction de deux paramètres : l'aire (nombre de pixels dans un bassin) et la profondeur (norme du gradient du coeur du bassin). Souhila quant à lui propose de remplacer le critère portant sur l'aire des régions par le critère de teinte introduit par Carron [Carron 1995].

5.2.2.2/ Une approche basée sur le graphe d'adjacence de régions

La fusion de régions ne s'opère pas nécessairement dans le cadre d'une approche de division/fusion de régions, mais peut être accomplie après une étape de segmentation ayant provoqué une sur-segmentation de l'image. C'est dans ce contexte que nous nous plaçons et notre approche de fusion de régions est principalement basée sur l'analyse du graphe d'adjacence de régions ou RAG (Region Adjacency Graph) de l'image segmentée par LPE. Précisons qu'un RAG est une structure de données non-orientée composée d'un ensemble fini de noeuds $\mathcal{N}$ et d'un ensemble d'arêtes $\mathcal{A}$ inclus dans un sous-ensemble $\mathcal{N} \times \mathcal{N}$. Chaque noeud représente une région (situé au centre de gravité de la région) de l'image et chaque arête représente le lien entre deux noeud (entre deux régions adjacentes). Le graphe d'adjacence est très souvent valué, c'est-à-dire que des valeurs appelées aussi coûts sont attribuées aux sommets ou aux arêtes du graphe. Ces coûts sont calculés à partir d'une fonction traduisant la similarité entre deux noeuds reliés par une arête. Soit $\mathcal{A}(\mathcal{N}_i)$ l'ensemble de tous les noeuds $\mathcal{N}_i \subseteq \mathcal{N}$.

Définition 1 : si $\mathcal{G} = (\mathcal{N}, \mathcal{A})$ est un graphe d'adjacence, deux noeuds $\mathcal{N}_i$ et $\mathcal{N}_j$ de $\mathcal{N}$ sont dits adjacents si $\mathcal{A}(\mathcal{N}_i) \cap \mathcal{N}_i \neq \emptyset$

Définition 2 : soit $\mathcal{R}$ une partition de $\mathcal{N}$ formant une région. Le graphe non orienté $(\mathcal{R}, \mathcal{A})$ est le graphe d'adjacence des régions de $\mathcal{R}$ modélisant les propriétés de voisinage entre celles-ci.

La figure 5.14 illustre pour une image de toiture de la base, la segmentation effectuée par l'algorithme de LPE, ainsi que le graphe d'adjacence de régions correspondant.

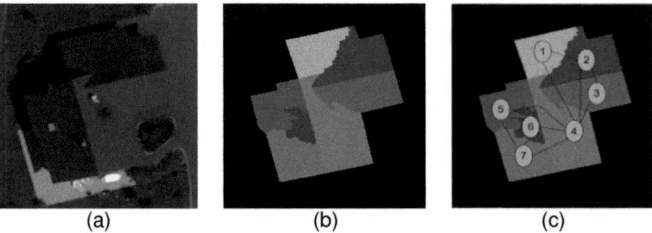

(a)   (b)   (c)

FIGURE 5.14 – Exemple de RAG d'une image segmentée. (a) imagette de toiture, (b) image présegmentée par LPE et (c) graphe d'adjacence de régions correspondant.

5.2.2.3/ Prédicat de fusion de régions

Disposant à présent d'une segmentation préliminaire de la toiture obtenue par une LPE-régions appliquée sur l'image simplifiée avec le couple Greyworld/Di-zenzo (le meilleur couple invariant/gradient que nous avons optimisé pour l'application dans le chapitre précédent) et d'une caractérisation 2D des arêtes de toitures, nous allons pouvoir à présent, présenter notre algorithme de fusion de régions basé sur cette caractérisation et sur l'analyse du graphe d'adjacence de régions (RAG) de l'image préalablement segmentée.

L'analyse des résultats de segmentation obtenus par LPE-régions, amène au constat suivant : une fois la segmentation par LPE-régions effectuée, la nature rectiligne d'une frontière séparant deux régions de deux pans de toitures différents est toujours respectée, comme l'illustre les régions labélisées 7 et 8 dans la figure 5.15e où la frontière est modélisée au maximum par deux segments. Par contre, cela n'est plus le cas lorsqu'il s'agit d'une frontière séparant deux régions issues d'une sur-segmentation, comme l'illustre les régions labélisées 8 et 9 dans la figure 5.15e où la frontière est modélisée au minimum par cinq segments.

Un critère naïf de fusion consisterait alors à fusionner deux régions voisines dont la frontière commune ne respecte pas cet aspect rectiligne. Pour ce faire, nous exploitons le nombre de segments δ_{seg} modélisant la frontière entre deux régions candidates à la fusion et donné par le processus de caractérisation. Si le nombre de segments δ_{seg} modélisant cette frontière est supérieur à 1 (δ_{seg} >1 segment), les deux régions seront fusionnées. Néanmoins, ce critère de fusion n'est pas parfait puisqu'il favorise la sous-segmentation de l'image à cause d'une possible mauvaise caractérisation des frontières en segments suite à la non-détection de quelques objets d'intérêt délicats tels que certaines cheminées et fenêtres. A titre d'exemple, la non-détection de la fenêtre située entre les régions labélisées 2 et 8 de la figure 5.15e conduit à une mauvaise extraction des frontières et in fine à une caractérisation de la frontière commune en 4 segments. Pour pallier cet inconvénient, nous avons fait évoluer notre critère de fusion afin qu'il tienne compte d'informations supplémentaires sur les frontières et/ou les régions. L'adaptation du critère découle de l'observation suivante : la différence des moyennes intérieures $\overline{\varrho}_{R_i,R_j}$ de deux régions R_i et R_j situées de part et d'autre d'une frontière séparant deux pans différents, est très inférieure au contraste ξ_{R_i,R_j} observé à cette frontière (cf. les régions labélisées 2 et 8 dans la figure 5.15e où $\overline{\varrho}_{R_i,R_j}$=2.48 ≪ ξ_{R_i,R_j}=14.14). Par contre, cette différence $\overline{\varrho}_{R_i,R_j}$ est relativement proche du contraste ξ_{R_i,R_j} observé aux frontières quand il s'agit de deux régions R_i et R_j issues d'une sur-segmentation et appartenant au même pan d'une toiture (cf. les régions labélisées 8 et 9 dans la figure 5.15e où $\overline{\varrho}_{R_i,R_j}$=2.27 ≅ ξ_{R_i,R_j}=2.06). Par conséquent, l'information de contraste observé aux frontières et l'aspect rectiligne de ces dernières peuvent être utilisés pour définir un critère de fusion dans le cadre de notre application de segmentation de toitures. Le synopsis de la stratégie globale proposée à ce stade est illustré sur la figure 5.1 et l'algorithme de fusion de régions est détaillé ci-dessous :

Etant donnée une image de gradient, notée Im, les différents paramètres de l'algorithme de fusion de régions sont définis ainsi :

- R_i et R_j deux régions voisines candidates à la fusion,
- δ_{seg} est le nombre de segments modélisant la frontière commune entre les régions R_i et R_j,
- ξ_{R_i,R_j} est le contraste observé à la frontière commune entre les régions R_i et R_j.

$$\xi_{R_i,R_j} = \frac{1}{\eta} \sum_{p1 \in R1} \max_{p2 \in \mathcal{V}_{p1}, p2 \in R2} (|Im(p1) - Im(p2)|) \qquad (5.2)$$

où η est le nombre de pixels de la frontière commune entre les régions R_i et R_j et $\mathcal{V}_{p1}$ est le voisinage du pixel p1 .

- $\overline{\varrho}_{R_i,R_j}$ est la différence des moyennes intérieures des régions R_i et R_j.

$$\overline{\varrho}_{R_i,R_j} = |\frac{1}{\eta_1} \sum_{p1 \in R1} Im(p1) - \frac{1}{\eta_2} \sum_{p2 \in R2} Im(p2)| \qquad (5.3)$$

où η_1 et η_2 représentent respectivement l'aire des régions R_i et R_j.

Algorithme 13 : Algorithme de fusion de deux régions R_i et R_j
---
begin
  $\delta_{seg} \leftarrow$ Modélisation(Frontière(R_i,R_j)) ; //nombre de segments
  $\overline{\varrho}_{R_i,R_j} \leftarrow$ abs(Moyenne(R_i)-Moyenne(R_j)) ;
  $\xi_{R_i,R_j} \leftarrow$ Contraste(Frontière(R_i,R_j)) ;
  if $\delta_{seg} \geq 5$ OR (($\xi_{R_i,R_j} \leq \overline{\varrho}_{R_i,R_j}$) AND ($3 \leq \delta_{seg} \leq 4$)) **then**
      la région de label min absorbe la région de label max
      \\ mettre à jour la région absorbante
end

Il convient de signaler au lecteur que le processus de fusion proposé, présente l'avantage d'intégrer deux types de grandeurs (radiométriques et géométriques) adaptés aux particularités des orthophotoplans traités. Les grandeurs radiométriques sont définies par la moyenne intérieure des régions et le contraste observé sur la frontière commune entre deux régions candidates à la fusion. Les grandeurs géométriques, quant à elles se résument dans la nature rectiligne des arêtes de toitures. L'intégration de ces deux grandeurs dans le processus de fusion de régions permet une meilleure prise en compte des particularités des orthophotoplans et par conséquent, conduit à une meilleure segmentation des objets d'intérêt de la toiture. Contrairement à la plupart des algorithmes de fusion de régions que nous pouvons rencontrer dans la littérature, la stratégie de fusion de régions que nous avons établie [El-merabet 2012], a l'avantage d'être automatique et de ne pas exiger d'intervention de l'utilisateur pour régler les paramètres, définir l'ordre dans lequel sont traités les couples de régions adjacentes ou définir le critère d'arrêt. Les performances et la stabilité de l'approche de fusion proposée seront étudiées dans la section 5.4.

5.3/ APPROCHE LPE-CONTOURS

Les traitements présentés précédemment ont permis de réduire le problème de sur-segmentation, et donc d'obtenir une toiture segmentée en un nombre satisfaisant de

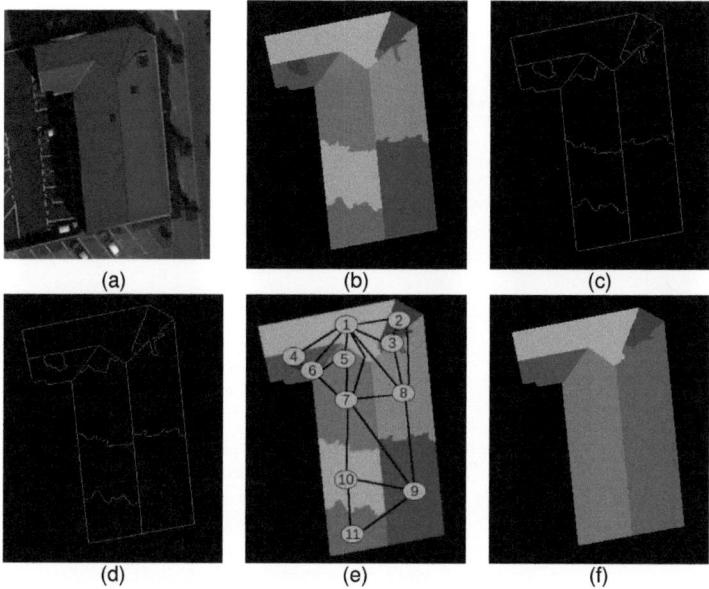

FIGURE 5.15 – Illustration de la stratégie de fusion de régions. ((a) image initiale, (b) image pré-segmentée par LPE, (c) extraction des frontières, (d) modèle 2D caractérisant la toiture, (e) RAG de l'image pré-segmentée, (f) segmentation finale.

régions d'intérêt. A présent, nous cherchons à retrouver précisément les objets d'intérêt composant la toiture (cheminées, fenêtres, chiens assis, etc.). Pour ce faire, nous utilisons la LPE-contours introduite par Vincent et Soille [Vincent 1991], [Roerdink 2001], et qui se prête très bien pour atteindre cet objectif. Cette LPE fait partie des algorithmes de LPE par immersion avec un simple seuillage. Il est important de noter que l'image de gradient utilisée en entrée de cet algorithme, est identique à celle utilisée en entrée de la LPE-régions, à savoir celle utilisée suite à la définition du meilleur couple invariant/gradient. L'avantage d'effectuer une segmentation à l'aide de la LPE-contours est qu'elle conduit à des contours fins (squelettisés d'épaisseur un pixel) et fermés. Une fois les contours détectés, il est relativement simple de créer les régions correspondantes. Pour ce faire, nous avons utilisé l'algorithme de Rosenfeld et Pfaltz [Rosenfeld 1966]. Mais avant de présenter les résultats de segmentation obtenus par cette méthode, rappelons le principe de cette LPE-contours.

Soit $I : D \to \mathbb{N}$, une image en niveaux de gris, avec h_{min} et h_{max} les valeurs minimum et maximum de I. Les minima de I sont associés à des bassins qui vont successivement grandir durant le procédé d'immersion. Soit l'ensemble X_h l'union des bassins calculés au niveau h. Une composante connexe de la fonction seuil Z_{h+1} de niveau $h + 1$ peut être soit un minimum, soit une extension d'un bassin du niveau X_h. Le dernier cas entraîne le calcul de la zone d'influence géodésique de X_h à l'intérieur de Z_{h+1}. Il en résulte la mise à jour de X_{h+1}. Soit l'ensemble MIN_h l'union de tous les minima à l'altitude h. Le même bloc d'instruction pour un niveau h variant de h_{min} à h_{max} :

$$\begin{cases} X_{h_{min}} &= \{p \in D/I(p) = h_{min}\} = Z_{h_{min}} \\ X_{h+1} &= MIN_{h+1} \cup (IZ_{Z_{h+1}}(X_h) \setminus Z_h), h \in [h_{min}, h_{max-1}] \end{cases} \qquad (5.4)$$

où p représente les coordonnées d'un pixel et le terme $\setminus Z_h$ de l'équation 5.4 assure qu'au niveau $h + 1$, seuls les pixels dont l'intensité correspond à $h + 1$ sont ajoutés aux bassins existants. $IZ_A(B)$ est l'union des zones d'influence géodésique des composantes connexes de B avec $B \subseteq A$. La ligne de partage des eaux de I correspond au complément de $X_{h_{max}}$ dans D :

$$LPE(I) = D \setminus X_{h_{max}} \qquad (5.5)$$

Nous pouvons synthétiser l'implémentation de l'algorithme LPE-contours de Vincent et Soille de la manière suivante : considérons en entrée une image de gradient et un nombre flottant ϵ définissant l'incertitude sur l'altitude. Le paramètre ϵ est introduit afin de guider le processus de segmentation et rendre ainsi l'algorithme plus robuste au bruit affectant l'image. Il s'agit ici de remplir progressivement les bassins versants à partir des minima, jusqu'à la hauteur du seuil ϵ prédéterminé avant la construction des barrages (les limites des bassins versants). Ce processus fait disparaître les sommets les plus bas, considérés comme non significatifs. Une valeur faible de ϵ conduit à une forte sur-segmentation de l'image. L'algorithme dont les différentes étapes sont rappelées ci-dessous fournit une image d'entiers en sortie où chaque pixel séparant deux bassins différents contient la valeur "watershed".

1. Les pixels sont d'abord triés par ordre croissant d'altitude (valeur de niveau de gris des pixels dans l'image de gradient).

2. Ils sont ensuite traités par série : tous ceux entre h et $h + \epsilon$ sont considérés d'altitude identique.

3. Ces pixels sont alors masqués et il faut déterminer à quel bassin ils appartiennent.

4. On commence par traiter les nouveaux pixels "masqués" déjà en contact avec un bassin (pixel étiqueté) ou une frontière (pixel "watershed"). Ils seront à distance 1 tandis que les autres pixels "masqués" seront à distance 2, 3, voire plus.

5. Ces pixels sont placés dans une file d'attente. Un élément fictif indique la fin de file et donc le passage à des pixels de distance supérieure.

6. Les pixels se trouvent maintenant dans une file, nous pouvons alors les traiter en fonction de leur voisinage. Pour cela, nous tenons compte des points suivants :

    - Nous ne testons que les voisins de distance inférieure à la distance courante (les autres, de même distance que le pixel courant, sont traités en parallèle).
    - Le calcul se fait en regardant successivement les quatre pixels adjacents : le pixel courant peut donc être réétiqueté différemment plusieurs fois.

- Le pixel sera étiqueté soit avec un label voisin, soit avec le pixel "watershed".
- Les pixels voisins à distance +1 seront déterminés et mis dans la file.

7. La dernière phase de l'algorithme reprend tous les pixels traités, et leur donne une nouvelle étiquette s'ils n'en possèdent pas. Tous les voisins non étiquetés sont étiquetés de même par propagation.

Avant d'illustrer les résultats globaux obtenus, revenons sur l'influence du paramètre ϵ. Etant donné que cet algorithme permet au maximum 256 niveaux d'immersion, ϵ prend alors des valeurs variant dans la l'intervalle [0-255], soit 256 seuils de segmentation possibles. Il est à noter que le choix de ce paramètre est crucial et dépend généralement de l'image traitée et de l'application visée. C'est pourquoi, afin de quantifier l'impact du paramètre ϵ sur le résultat de segmentation et de visualiser ainsi le comportement de la LPE-contours dans le cadre de notre application de segmentation de toitures à partir d'orthophotoplans, nous illustrons sur la figure 5.16 la segmentation d'une toiture avec différentes valeurs de ϵ. Nous constatons alors que les valeurs de ϵ peuvent être séparées en trois plages. Pour des valeurs de ϵ inférieures à 6, la LPE-contours est très sensible au bruit et produit des images très sur-segmentées (cf. figure 5.16a où l'image est segmentée en 5345 régions). Notons aussi qu'il est extrêmement difficile d'identifier dans cette plage, les objets d'intérêt de la toiture (fenêtres, cheminées, chiens assis, etc.). Pour des valeurs de ϵ variant entre 6 et 15, nous aboutissons à un partitionnement de l'image sans perte d'informations significatives sur les contours des principales structures à identifier. En effet, l'effet de sur-segmentation est considérablement atténué puisque l'on passe de 5345 régions pour ϵ=1 à 128 régions pour ϵ=6. Notons aussi que tous les principaux objets d'intérêt de la toiture sont détectés et que nous pouvons les distinguer facilement des autres régions dues à la sur-segmentation (cf. figure 5.16c). Il est important de noter que l'effet de sur-segmentation diminue progressivement avec des valeurs plus grandes de ϵ jusqu'à même obtenir une sous-segmentation de l'image pour des valeurs de $\epsilon \geq 7$. Pour la troisième plage de valeurs ($\epsilon \gtrsim 15$), l'effet de sous-segmentation est amplifié (cf. figure 5.16f) et peut conduire à une image complètement sous-segmentée, ie l'obtention d'une seule régions dans la partition finale. Nous pouvons alors conclure que des valeurs de ϵ situées dans la plage de valeurs $5<\epsilon<16$ constituent un bon compromis et permettent d'obtenir des segmentations satisfaisantes avec une localisation très réaliste des contours, et un effet de sur/sous-segmentation faible. Rappelons que nous avons choisi d'utiliser la LPE-contours puisqu'elle possède une capacité assez intéressante à détecter tous les constituants de la toiture (fenêtres, cheminées, chiens assis, etc.), et par conséquent de remédier au problème de la perte de ces derniers par la LPE-régions. Nous informons le lecteur qu'à l'issue d'une série de tests effectués sur plusieurs images de la base de test, la valeur de ϵ qui est retenue pour la suite des traitements est ϵ=6.

5.4/ Résultats de segmentation par LPE-régions / LPE-contours

5.4.1/ Comparaison LPE-régions sans/avec fusion

Afin de montrer la robustesse et la fiabilité de la procédure de fusion de régions proposée pour résoudre le problème de sur-segmentation engendrée par LPE-régions,

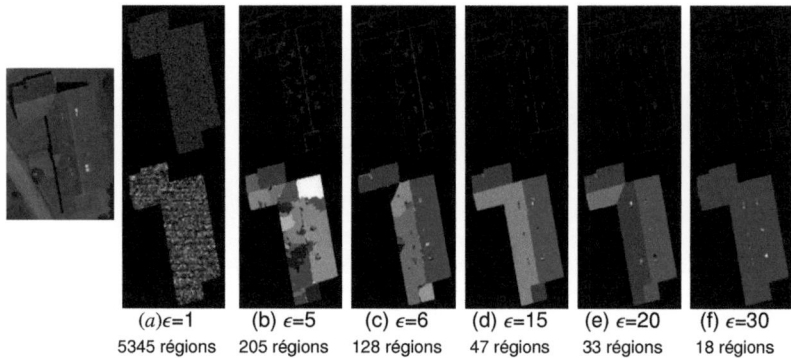

(a) $\epsilon=1$ (b) $\epsilon=5$ (c) $\epsilon=6$ (d) $\epsilon=15$ (e) $\epsilon=20$ (f) $\epsilon=30$
5345 régions 205 régions 128 régions 47 régions 33 régions 18 régions

FIGURE 5.16 – Influence du paramètre ϵ dans la segmentation par LPE-contours. De haut en bas : l'image en sortie de la LPE-contours associée à une valeur de ϵ donnée et l'image de régions correspondante.

nous présentons sur la figure 5.17 les résultats de segmentation sans et avec fusion de régions. Nous pouvons alors constater que la stratégie de fusion de régions permet d'améliorer les résultats de segmentation par rapport à ceux obtenus avec une LPE-régions seule. En effet, la valeur de Vinet est plus élevée (ie. une segmentation de meilleure qualité) lorsque l'on associe la stratégie de fusion de régions à l'étape de segmentation par LPE-régions. En moyenne, on note une augmentation du taux de bonne segmentation passant de 83% (LPE-régions seule) à 94% (LPE-régions + fusion). Cela permet de mettre en évidence l'ampleur de la sur-segmentation occasionnée par l'algorithme de la LPE-régions seule sur l'ensemble des images de la base de test et l'apport du traitement mis en oeuvre pour atténuer ce phénomène. Cette amélioration peut s'expliquer par le fait que la stratégie de fusion de régions a permis de fusionner de façon drastique la plupart des régions non-significatives issues de la sur-segmentation, tout en préservant les composants des toitures, notamment les pans.

La figure 5.18 illustre les résultats de segmentation obtenus sur quelques images de la base de test et met en évidence le gain apporté par la stratégie de fusion de régions. A titre d'exemple, si l'on considère la première image (première colonne de la figure 5.18), le taux de bonne segmentation obtenu avec la fusion de régions est de 97% contre 47% avec la LPE-régions seule. Visuellement, nous pouvons constater que l'utilisation de la LPE-régions seule implique une importante sur-segmentation de l'image, corrigée de manière pertinente par l'ajout de l'étape de fusion de régions. Il convient toutefois de remarquer que cette stratégie de fusion peut engendrer une imperfection qui concerne la non-détection/perte de certains objets d'intérêt tels que les cheminées, fenêtres, chiens assis, etc. En effet, la seconde image présentée dans la figure 5.18 illustre la perte de quelques objets d'intérêt détectés par la LPE-régions (objets entourés en jaune), mais perdus après l'étape de fusion de régions. Il est important de noter que la perte concerne également quelques petits pans de toitures (cf. objets entourés en jaune sur la figure 5.19). Nous montrons dans le prochain chapitre, que cette perte d'objets peut être compensée par un processus de coopération LPE-régions et LPE-contours.

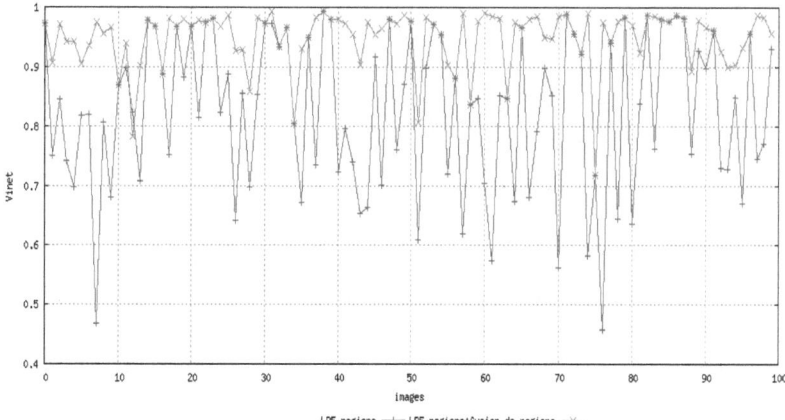

FIGURE 5.17 – Résultats de segmentation obtenus avec la LPE-régions seule (en rouge) et avec l'ajout de la stratégie de fusion de régions (en vert).

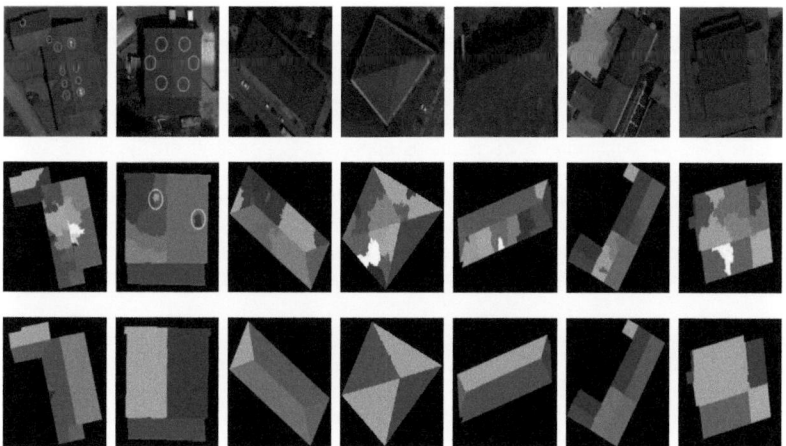

FIGURE 5.18 – Résultats de segmentation obtenus avec la stratégie de fusion de régions proposée. De haut en bas, les images initiales, les images obtenues par la LPE-régions seule et les segmentations obtenues après application de la stratégie de fusion de régions.

5.4.2/ COMPARAISON ENTRE LPE-RÉGIONS ET LPE-CONTOURS

Dans cette section, nous comparons les résultats de segmentation produits d'une part par la LPE-régions seule et d'autre part par la LPE-contours. Initialement, cette comparaison est réalisée pour nous permettre de définir laquelle des deux LPE peut-on

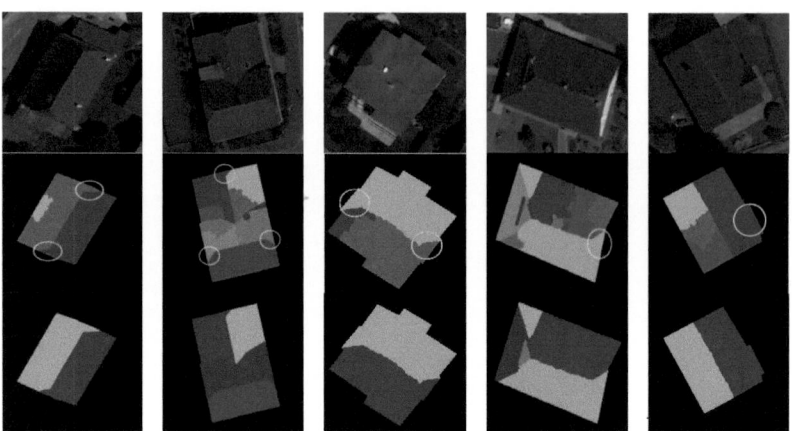

FIGURE 5.19 – Résultats de segmentation mettant en évidence la non-détection de certains pans de toitures.

considérer pour la segmentation des toitures. Elle nous a ensuite servi pour justifier l'intérêt de faire coopérer les deux techniques de segmentation par LPE (LPE-régions et LPE-contours). Nous illustrons sur la figure 5.20, les résultats d'évaluation des segmentations obtenus avec les deux LPE. Sur cette figure, nous constatons qu'il est difficile d'identifier la LPE offrant les meilleurs résultats puisque, suivant l'image considérée, les deux LPE se positionnent de manière opposée. Cependant, en moyenne sur la totalité de la base, la LPE-contours offre de meilleurs résultats avec un taux de bonne segmentation de 88% avec la LPE-contours contre 83% avec la LPE-régions. Nous illustrons sur la figure 5.21 différents résultats de segmentation sur six images de la base de test. Nous proposons de commenter les résultats de ces deux algorithmes de LPE sur deux images : les images de la première et de la quatrième colonnes de la figure 5.21.

Si l'on considère l'image de la première colonne de la figure 5.21, nous notons que l'utilisation de la LPE-régions (avec ou sans fusion de régions) conduit à une image moins sur-segmentée (23 régions seulement) que celle obtenue avec la LPE-contours où l'image est fortement sur-segmentée en un grand nombre de régions (205 petites régions). Aussi, nous notons une perte totale des objets d'intérêt constituant la toiture avec la LPE-régions alors qu'ils sont presque tous détectés avec la LPE-contours.
Si l'on considère l'image de la quatrième colonne de la figure 5.21, l'image segmentée à l'aide de la LPE-régions s'avère de meilleure qualité, si l'on donne plus d'importance à la détection des différents pans de la toiture. En revanche, nous enregistrons la perte des deux fenêtres caractérisant la toiture, contrairement à l'image obtenue avec la LPE-contours. Nous notons aussi que la LPE-régions fusionne à tord les pans de toiture.

Les tests et résultats présentés dans cette section nous amènent aux constats suivants. L'utilisation de la LPE-régions a tendance à générer une sur-segmentation de l'image nécessitant un post-traitement. Ce dernier est assurée par une fusion de régions permettant d'aboutir à une bonne segmentation des différents pans de la toiture. L'inconvénient sous-jacent de cette première stratégie réside dans la perte totale de certains objets d'intérêt

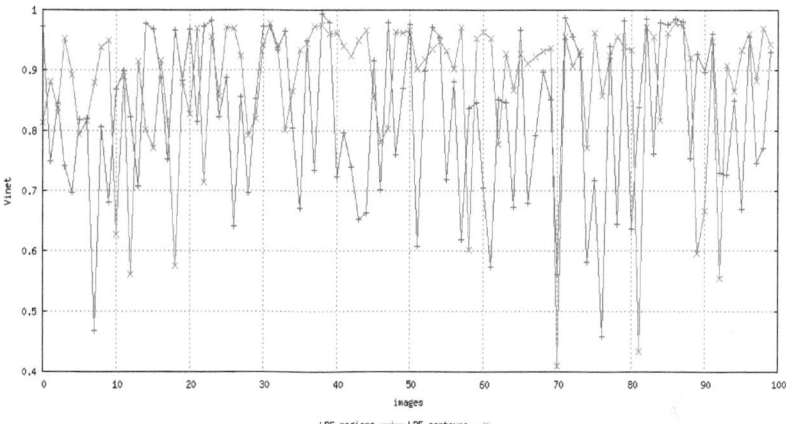

FIGURE 5.20 – Résultats de segmentation obtenus avec la LPE-régions seule (en rouge) et la LPE-contours (en vert).

caractérisant la toiture (fenêtres, cheminées, chiens-assis, etc.). La LPE-contours quant à elle, est susceptible de pallier ce problème de perte d'objets d'intérêt, mais souffre de deux autres problèmes majeurs que sont : une sur-segmentation de l'image (située principalement aux frontières et abords des fenêtres, chiens assis, cheminées) et une fusion non désirée de régions caractérisant les pans de la toiture. Nous pouvons alors donc aisément conclure qu'il serait intéressant de baser notre stratégie de segmentation de toitures sur une LPE-régions, et de tirer profit des avantages de l'utilisation d'une LPE-contours pour améliorer cette segmentation. Comment peut-on alors procéder pour faire coopérer ces différentes méthodes ? Nous essayons de répondre à cette question au chapitre suivant, dernier chapitre de ce manuscrit.

5.5/ CONCLUSIONS

Dans ce chapitre, nous avons présenté deux approches de segmentation par LPE pour la segmentation de toitures à partir d'orthophotoplans. La première approche de segmentation est basée sur une LPE-régions, suivie d'une stratégie de fusion de régions impliquant une caractérisation 2D des arêtes des toitures et l'analyse du graphe d'adjacence de régions. Nous avons montré que cette première approche permet d'aboutir à des résultats de segmentation globalement satisfaisants puisque nous obtenons un taux de bonne segmentation de 94% contre 83% avec la LPE-régions seule. L'inconvénient de cette approche concerne la perte des objets de la toiture n'étant pas des pans (fenêtres, cheminées, chiens assis, etc.). La deuxième approche basée sur une LPE-contours, a montré ses performances en palliant cet inconvénient, mais a tendance à fusionner à tord différents pans de la toiture. Le pourcentage de bonne segmentation s'élève pour cette méthode à 88%. Les résultats de segmentation présentés dans ce chapitre mettent en évidence l'intérêt de faire coopérer ces deux approches (LPE-régions et LPE-contours)

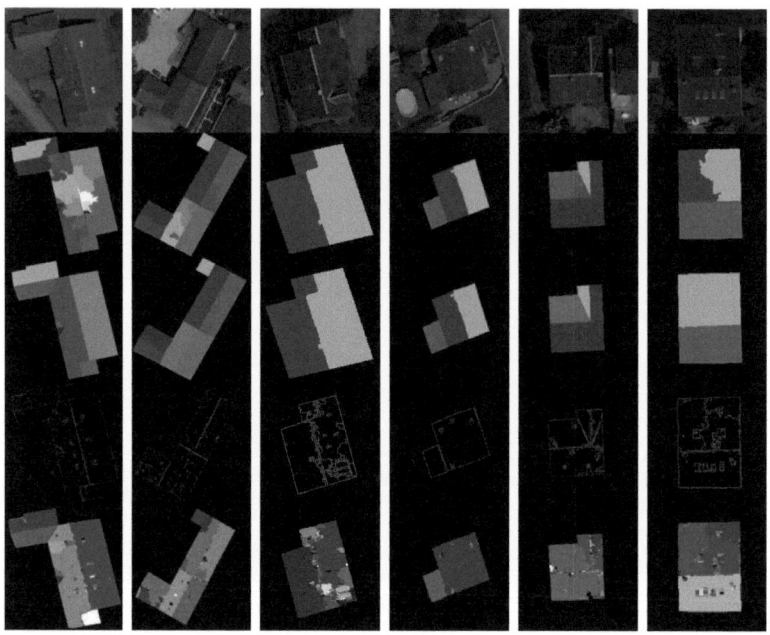

FIGURE 5.21 – Résultats de segmentation obtenus avec la LPE-régions seule, LPE-régions avec l'ajout de l'étape de fusion de régions et la LPE-contours. De haut en bas : l'image initiale, l'image segmentée par LPE-régions seule, l'image produite par la LPE-régions suivie de la procédure de fusion de régions, l'image segmentée par LPE-contours seule et l'image de régions correspondante.

afin d'obtenir une segmentation fiable et fidèle aux objets de la toiture. Cette perspective est étudiée en détails dans le chapitre suivant.

6

COOPÉRATION LPE-RÉGIONS ET LPE-CONTOURS

6.1/ INTRODUCTION

DANS ce dernier chapitre nous présentons la troisième et dernière partie de notre stratégie de segmentation de toitures à partir d'images aériennes (orthophotoplans). Celle-ci est basée sur la coopération des méthodes de segmentation présentées dans les chapitres précédents à savoir la LPE-régions et la LPE-contours. En effet, la complémentarité des informations obtenues à partir des contours et des régions contribue généralement à une meilleure segmentation de l'image. Plusieurs approches coopératives ont été proposées dans la littérature afin de combiner les avantages de chacune des méthodes utilisées séparément et ainsi améliorer les résultats globaux. Dans le cadre de notre application, nous avons pu constater dans le chapitre précédent les limites des deux méthodes de segmentation basées sur la LPE. Nous pensons donc qu'une coopération/intégration de ces deux méthodes dans un même schéma de segmentation, semble être une voie intéressante à suivre. Ceci permettrait de tirer profit des avantages de chacune d'elles, de pallier leurs inconvénients lorsqu'elles sont utilisées indépendamment, et par conséquent de garantir l'obtention de résultats structurellement cohérents par rapport aux données initiales.

Le présent chapitre est structuré comme suit : Dans un premier temps, nous commencerons par citer les différentes catégories de méthodes coopératives que nous pouvons rencontrer dans la littérature. Dans un deuxième temps, nous détaillerons l'approche de coopération proposée pour améliorer la qualité de la segmentation des toitures. Enfin, les performances de notre approche seront analysées et comparées avec les différentes méthodes de segmentation détaillées dans le chapitre 3.

6.2/ LES MÉTHODES DE SEGMENTATION COOPÉRATIVES

La coopération de méthodes est naturellement apparue comme un moyen d'aborder la question de la segmentation d'images. Il s'agit d'une solution assez fréquente pour utiliser la complémentarité existante entre plusieurs techniques de segmentation. Des premiers travaux importants dans ce domaine datent de 1970 avec l'approche de Brice et Fennema [Brice 1970]. Dans ce chapitre, nous nous plaçons dans un contexte de coopération de méthodes contours et régions. A ce titre, plusieurs techniques de coopération ont vu le jour et peuvent être classées en quatre catégories : 1/ la coopération séquentielle, 2/ la coopération des résultats, 3/ la coopération mutuelle et 4/ la coopération hybride. Le lecteur intéressé par plus de détails à ce sujet pourra se référer à [Cufi 2001], [Sebari 2007].

6.2.1/ COOPÉRATION SÉQUENTIELLE

La coopération séquentielle régions-contours consiste à intégrer l'information issue d'une technique de segmentation dans l'autre. En d'autres termes, l'algorithme de coopération exécute dans un premier temps la LPE-contours puis dans un deuxième temps, intègre le résultat de celle-ci dans la LPE-régions ou inversement. La figure 6.1 illustre l'un des schémas de coopération séquentielle le plus couramment utilisé.

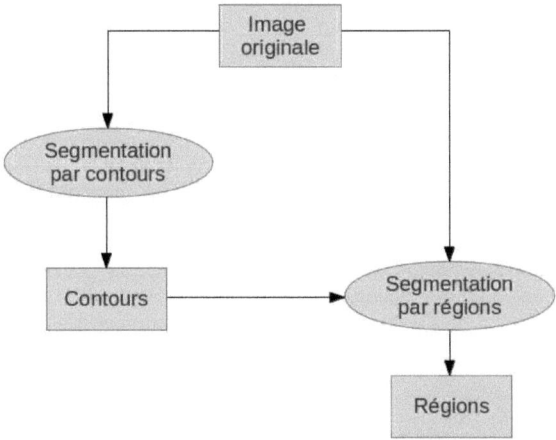

FIGURE 6.1 – Principe de la coopération séquentielle [Sebari 2007].

La manière d'utiliser la coopération séquentielle dans un processus de segmentation, diffère d'un auteur à l'autre. Dans [Monga 1987], [Mueller 2004], [Sebari 2009], l'information sur les contours est utilisée comme une information complémentaire pour la segmentation en régions. L'information sur le gradient d'un pixel est exploitée pour autoriser ou empêcher l'affectation de ce pixel à une région dans le processus de croissance de régions. En effet, la croissance d'une région est arrêtée quand elle rencontre un pixel contour défini par un fort gradient. Dans [Bertolino 1996], la coopération se traduit par l'utilisation de l'image de gradient pour empêcher ou autoriser la fusion de régions en vue de résoudre le problème de sur-segmentation. La coopération se traduit également, par l'utilisation de l'information sur les contours pour guider l'emplacement des germes pour la croissance de régions [Fan 2001], [Muñoz 2002], [Muñoz 2003]. Dans [Sebari 2009], l'auteur propose, dans son approche de segmentation d'images multi-spectrales, une méthode coopérative dans laquelle l'information sur les contours est intégrée dans le processus de segmentation par croissance de régions, et ce à deux niveaux : premièrement dans la sélection des germes puis dans la définition du critère de segmentation.

Lorsque la coopération s'effectue dans le sens inverse (ie des régions vers les contours), c'est le résultat de la segmentation en régions qui est intégré dans le processus de segmentation par contours. A titre d'exemple, dans [Pavlidis 1990], la stratégie de coopération consiste à utiliser les frontières extraites à partir de la segmentation en régions pour guider la déformation progressive des contours actifs "snake" .

6.2.2/ Coopération des résultats

Contrairement à la coopération séquentielle pour laquelle la première méthode doit être achevée pour que le résultat puisse être exploiter par la seconde méthode, la technique de coopération des résultats exécute les deux méthodes de segmentation en parallèle puis combine les résultats obtenus par chacune des méthodes en termes de complémentarité ou de recherche du consensus. La figure 6.2 illustre le principe de la stratégie de coopération des résultats.

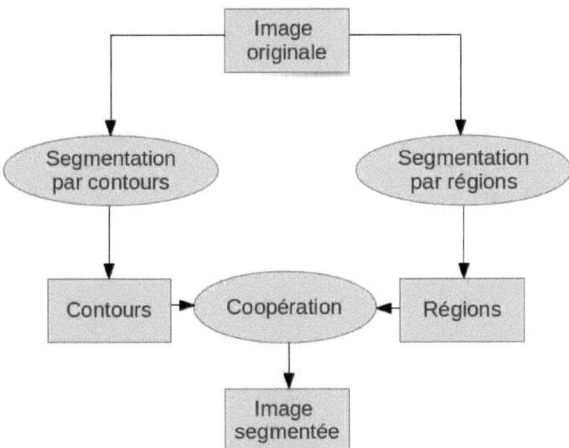

FIGURE 6.2 – Principe de la coopération des résultats [Sebari 2007].

Si l'on se place toujours dans le cadre de segmentation effectuée par LPE, la coopération des résultats consiste à combiner les informations sur les contours obtenus par un détecteur de contour et les contours de l'image segmentée par la méthode de croissance de régions. Selon Zugaj [Zugaj 1998], cette combinaison permet de détecter un plus grand nombre de contours et d'assurer la jonction entre eux. La coopération de résultats permet également d'établir un consensus entre les résultats obtenus par plusieurs techniques de segmentation. Dans [Cho 1997], l'auteur construit un graphe d'adjacence de régions pour chaque segmentation et indique pour chaque paire de pixels, la probabilité d'appartenance à une même région. Dans [Kermad 2002], Kermad, utilise la coopération de résultats pour ajuster les paramètres de segmentation. Dans [Cufi 2001], Cufi, l'utilise pour évaluer automatiquement la qualité de la segmentation en l'absence de la vérité-terrain.

6.2.3/ Coopération mutuelle

Le principe de la coopération mutuelle consiste à ce que les deux techniques de segmentation employées échangent mutuellement des informations entre elles. Pour ce faire, les deux techniques sont exécutées parallèlement et le résultat obtenu par l'une des techniques est exploité par l'autre afin d'obtenir une segmentation améliorée. Selon ce principe, une méthode doit pouvoir demander l'aide d'une autre méthode, attendre les résultats de celle-ci, puis continuer en exploitant les informations nouvellement acquises. La méthode appelée devra fournir des informations complémentaires et utilisables par le processus appelant. La coopération mutuelle présente certains avantages. Elle permet de guider la progression d'un processus particulier et de participer à l'enrichissement du résultat global. Néanmoins, il existe relativement peu d'approches proposant un tel type de coopération pour la segmentation. La figure 6.3 illustre le principe de la coopération mutuelle.

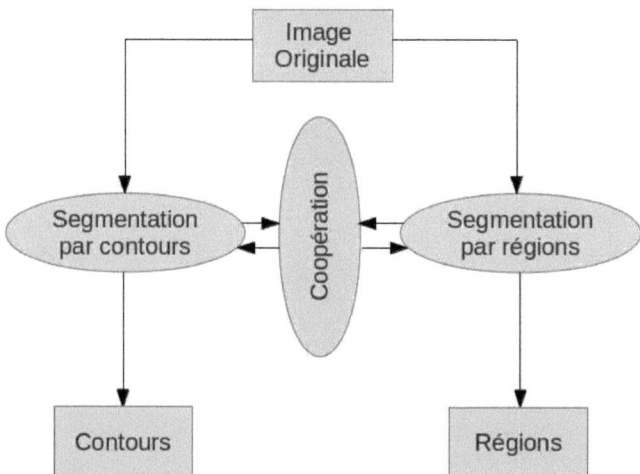

FIGURE 6.3 – Principe de la coopération mutuelle [Sebari 2007].

La coopération intervient ici directement au niveau de la segmentation par contours et par régions, et dans les deux sens. Naturellement, l'information obtenue des contours permet de diviser efficacement les régions et l'information provenant des régions permet d'aider à la fermeture/prolongement des contours. Dans [Salotti 1994], l'auteur utilise l'information sur les régions pour choisir un seuil adapté dans le processus de détection de contours, tandis que l'information sur les contours est utilisée pour guider la croissance de régions dans le cas où la décision d'agrégation est difficile à prendre. Dans [Nazif 1984], les auteurs ont proposé un système expert de segmentation coopérative pour améliorer les résultats obtenus par des segmentations régions et contours. Leur méthode consiste d'abord à appliquer un ensemble de règles sur les régions et les contours détectés afin de les analyser et de définir des règles pour obtenir une segmentation plus fidèle. Ainsi, des règles liées au raccordement, à la suppression et à la prolongation des contours détectés, sont définies en prenant en compte, entre autres, l'information sur les régions adjacentes. Aussi, les règles liées à la fusion ou à la division des régions détectées, prennent en considération aussi la présence des contours.

6.2.4/ Coopération hybride

La dernière catégorie de coopération que l'on retrouve dans la littérature est la coopération hybride. Elle consiste à exploiter et intégrer dans un même schéma de segmentation, la coopération mutuelle et la coopération des résultats. Le principe de la coopération hybride est illustré sur la figure 6.4.

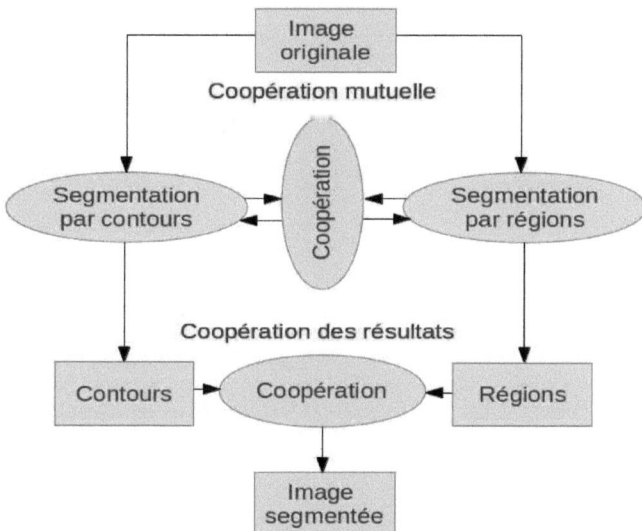

FIGURE 6.4 – Principe de la coopération hybride.

Notons que nous avons identifié dans la littérature une seule méthode appartenant à cette catégorie de coopération à savoir la méthode de Komati et al. [Komati 2011], qui consiste à utiliser l'information sur les contours afin d'éliminer les faux-contours dans l'image segmentée par croissance de régions, puis à utiliser l'information sur les régions afin de supprimer le bruit présent dans l'image de contours. Les deux images de sorties sont ensuite intégrées dans un schéma de coopération des résultats afin d'obtenir une image segmentée de qualité supérieure.

6.2.5/ Discussions

De nombreux travaux portent sur la coopération de méthodes de segmentation. Dans la section précédente, nous avons cité quelques travaux issus de la littérature allant dans ce sens. Cependant, il est important de prendre en compte la portée et les limitations de chaque méthode pour pouvoir choisir celle qui serait la plus appropriée au vue de l'application visée.

L'approche séquentielle ne peut donner de bons résultats que lorsque toutes les méthodes dans la chaîne de traitement produisent un résultat intermédiaire satisfaisant. Or, il n'existe pas de méthode générique permettant de traiter efficacement tout type d'images. Il convient donc d'être prudent sur l'utilisation de ce type de coopération.

L'approche par coopération de résultats permet effectivement de s'affranchir de l'inconvénient majeur de l'approche précédente. Par contre, la conception et l'utilisation d'une telle approche est délicate dans la mesure où la complémentarité et la redondance d'informations (parfois non pertinente) issues de chaque résultat doivent être prises en compte. L'utilisation de méthodes inadaptées (au contexte applicatif par exemple) entraînerait une combinaison des résultats délicate et donc une segmentation de l'image de mauvaise qualité.

L'approche par coopération mutuelle est plus flexible dans le sens où si l'une des méthodes s'avère défaillante, cela n'entraînera pas forcément un résultat de segmentation erroné. A l'inverse, la remise en cause d'un résultat intermédiaire peut parfois se révéler être un atout majeur dans un système de segmentation, mais implique l'élaboration de critères d'évaluation à ce niveau de la chaîne de traitement.

L'approche par coopération hybride semble être le meilleur compromis, puisqu'elle intègre les avantages de deux approches (coopération des résultats et coopération mutuelle). Elle doit, par conséquent, permettre de réduire le taux d'erreur généré par chacune des méthodes de coopérations utilisées indépendamment. C'est cette approche de coopération que nous avons adopté pour développer notre stratégie de segmentation à base d'une combinaison des LPE-régions et LPE-contours.

Dans la suite de ce chapitre, nous allons montrer comment nous avons adapté et optimisé l'approche de coopération hybride pour une meilleure segmentation des toitures à partir d'images aériennes (orthophotoplans).

6.3/ Méthode de segmentation coopérative LPE-régions et LPE-contours

Dans le chapitre précédent, nous avons présenté deux méthodes pour la segmentation de toitures à partir d'images aériennes : une LPE-régions couplée à une stratégie de fusion de régions afin de partitionner l'image en principales régions d'intérêt de la toiture (pans de toiture), et une LPE-contours permettant de détecter plus précisément les autres objets d'intérêt de la toiture (cheminées, fenêtres, chiens assis, etc.). Dans ce chapitre, nous proposons d'intégrer ces deux méthodes dans un schéma de segmentation coopératif afin d'aboutir à un résultat de segmentation optimal. En effet, le processus de coopération régions/contours tel que nous l'envisageons se propose d'exploiter l'avantage de chacune des deux méthodes de segmentation mises en oeuvre. Comme indiqué précédemment, la segmentation par LPE-régions couplée à notre stratégie de fusion de régions présente l'avantage de résoudre de manière pertinente le problème de sur-segmentation de l'image occasionné par l'algorithme de la LPE-régions seule. En contre partie, elle s'accompagne d'une perte totale de certains objets d'intérêt tels que les cheminées, les fenêtres et certains pans de toiture. Cela s'explique par le fait que soit ces objets ne sont pas détectés lors de la phase de LPE-régions (à cause de l'absence de germes), soit ils sont détectés mais perdus à la suite de l'étape de fusion de régions (car respectant le critère de fusion). La LPE-contours quand à elle permet de détecter la plupart des objets d'intérêt de la toiture mais produit une forte sur-segmentation sur les frontières entre les différents pans de toiture même si nous sommes face à une sous-segmentation globale de l'image. A l'instar des méthodes coopératives précédemment mentionnées, nous proposons une stratégie de coopération de ces deux techniques de segmentation, afin d'améliorer la qualité de la segmentation finale. La figure 6.5 illustre le synopsis complet de l'approche de coopération hybride LPE-régions/LPE-contours proposé dans le cadre de la segmentation de toitures à partir d'orthophotoplans.

1. La première étape (en pointillé rouge de la figure 6.5) décrite dans le chapitre 4, consiste à simplifier l'image initiale par un invariant colorimétrique optimal. Un gradient adapté est associé à ce dernier puisque l'image de gradient utilisée dans l'algorithme de LPE est corrélée, mais aussi très sensible à l'invariant utilisé. Ce couple invariant/gradient optimal est déterminé de manière expérimentale grâce à la procédure d'évaluation présentée dans le chapitre 4. La difficulté dans le choix du couple invariant/gradient se pose essentiellement en termes de compromis entre une réduction suffisante du bruit et une restitution correcte des structures principales de l'image. Dans le cadre de notre application, le couple invariant/gradient permettant d'atteindre cet objectif est le couple Greyworld/Di-Zenzo.

2. La deuxième étape consiste à appliquer en parallèle les méthodes de segmentation par LPE-régions et par LPE-contours détaillées dans le chapitre 5. Les principales étapes de segmentation sont rappelées ci-dessous :
L'image est préalablement simplifiée par le couple Greyworld/Di-Zenzo puis segmentée à la fois par la LPE-régions (en pointillé mauve sur la figure 6.5) et la LPE-contours (en pointillé bleu). L'image produite par la LPE-régions est ensuite intégrée dans un processus de fusion de régions en vue de remédier au problème de sur-segmentation et donner naissance à l'image étiquetée "image segmentée A" dans la figure 6.5. Parallèlement, l'image segmentée par la LPE-contours est soumise à une étape d'extraction de régions de sorte à ce que chaque contour fermé donne naissance à une région. A partir de l'image segmentée produite, étiquetée "image segmentée B" sur la figure 6.5, les barycentres des régions sont calculés. Une suppression des barycentres dont l'aire des régions est supérieure à un certain seuil, fixé expérimentalement à 600 pixels, est ensuite réalisée. Cette étape permet de ne garder que les barycentres des régions qui correspondent à la taille d'une fenêtre, d'une cheminée et de certains pans de toiture qui n'ont pas été détectés par la LPE-régions.

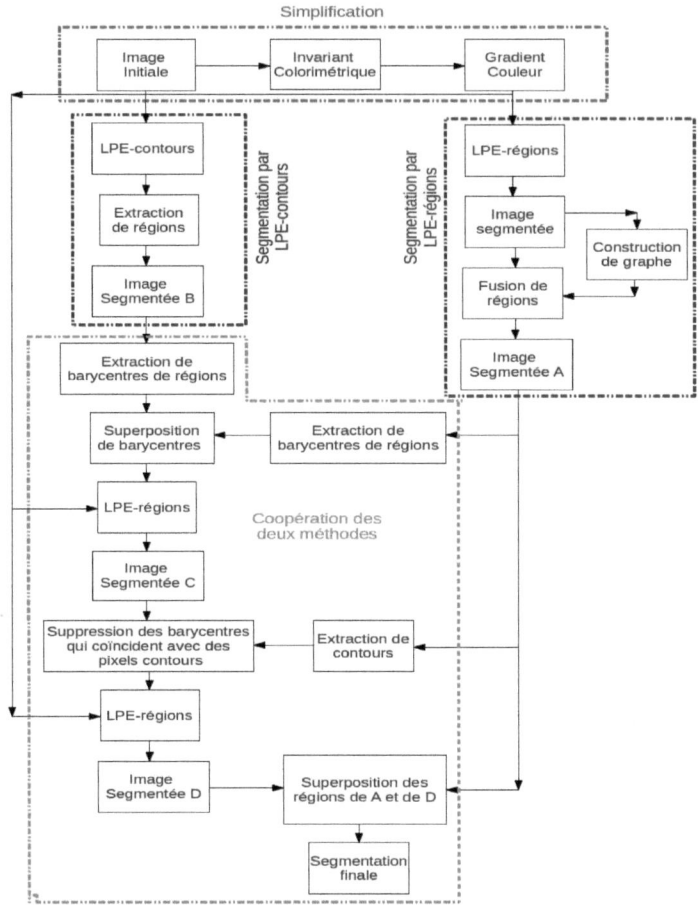

FIGURE 6.5 – Synopsis de coopération hybride LPE-régions et LPE-contours proposée.

3. La troisième et dernière étape concerne le processus de coopération entre les méthodes de segmentation basée sur la LPE-régions et la LPE-contours (en pointillé vert sur la figure 6.5). Tout d'abord, une nouvelle LPE-régions est effectuée à partir des germes issus de la superposition des barycentres des images segmentées A et B (provenant respectivement des LPE-régions et LPE-contours). Le résultat de cette segmentation, étiqueté "image segmentée C", met en évidence différents objets d'intérêt de la toiture n'ayant pas été détectés par la LPE-régions avec fusion de régions (cf. étape 2). Dans un deuxième temps, l'information sur les contours de "l'image segmentée A" est exploitée pour supprimer les petites régions de "l'image segmentée C" (ie les régions dont le barycentre coïncide avec un pixel

contours de "l'image segmentée A"). Une LPE-régions est à nouveau effectuée à partir des germes correspondant aux barycentres des régions retenues afin de donner naissance à une image segmentée étiquetée "image segmentée D". Enfin, la segmentation finale est obtenue en superposant toutes les régions de "l'image segmentée A" avec les régions de "l'image segmentée D" dont l'aire est inférieure à un seuil, fixé expérimentalement à 800 pixels.

Avant de procéder à une étude quantitative des résultats, nous avons souhaité illustrer sur une image de la base, les différentes étapes clés de notre approche afin de se rendre compte visuellement de l'apport de chacune d'entre elles. La figure 6.6 illustre donc les résultats de segmentation aux différentes étapes clés de l'approche de segmentation d'orthophotoplans proposée : (a) l'image initiale, (b) l'image segmentée obtenue par l'utilisation de la LPE-régions seule, (c) l'image étiquetée A dans la figure 6.5 et obtenue après l'application de la stratégie de fusion de régions, (d) l'image étiquetée B obtenue avec la LPE-contours, (e) l'image étiquetée C obtenue par une LPE-régions effectuée à partir des germes issus de la superposition des barycentres des images étiquetées A et B, (f) l'image étiquetée D obtenue après l'étape de suppression de petites régions et enfin (g) la segmentation finale obtenue après ajout des objets d'intérêt (fenêtres, cheminées, chiens assis, etc.) de l'image étiquetée D dans l'image étiquetée A.

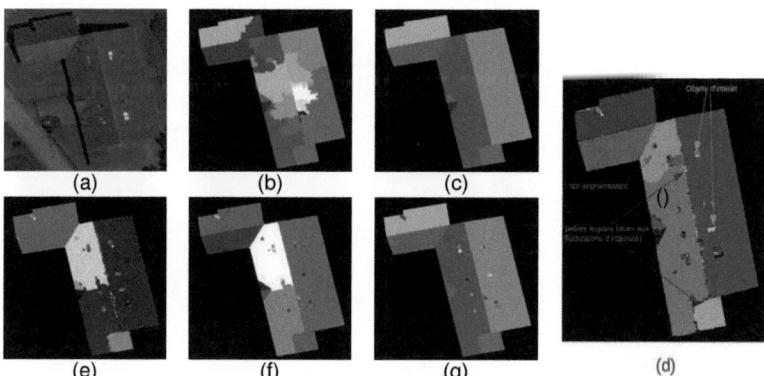

FIGURE 6.6 – Etapes clés du processus de coopération. (a) la toiture à segmenter, (b) image segmentée par LPE-régions seule, (c) image obtenue après fusion de régions (l'image étiquetée A sur la figure 6.5), (d) image segmentée par LPE-contours (l'image étiquetée B), (e) l'image étiquetée C, (f) l'image étiquetée D et (g) segmentation finale.

6.4/ EVALUATION DES RÉSULTATS GLOBAUX DE SEGMENTATION

Dans cette section, nous présentons les résultats de segmentation de l'approche globale proposée. Afin de mettre en évidence l'importance des différentes étapes de notre stratégie (synopsis présenté sur la figure 6.5), nous présentons sur les figures 6.7 et 6.8, les résultats de segmentation obtenus par la LPE-régions seule (en rouge sur la figure 6.8), par la LPE-contours (en vert sur la figure 6.8) et par le processus de coopération (en bleu sur la figure 6.8). Aux vues de ces figures, nous pouvons constater que l'approche de coopération proposée permet d'aboutir aux meilleurs résultats de segmentation.

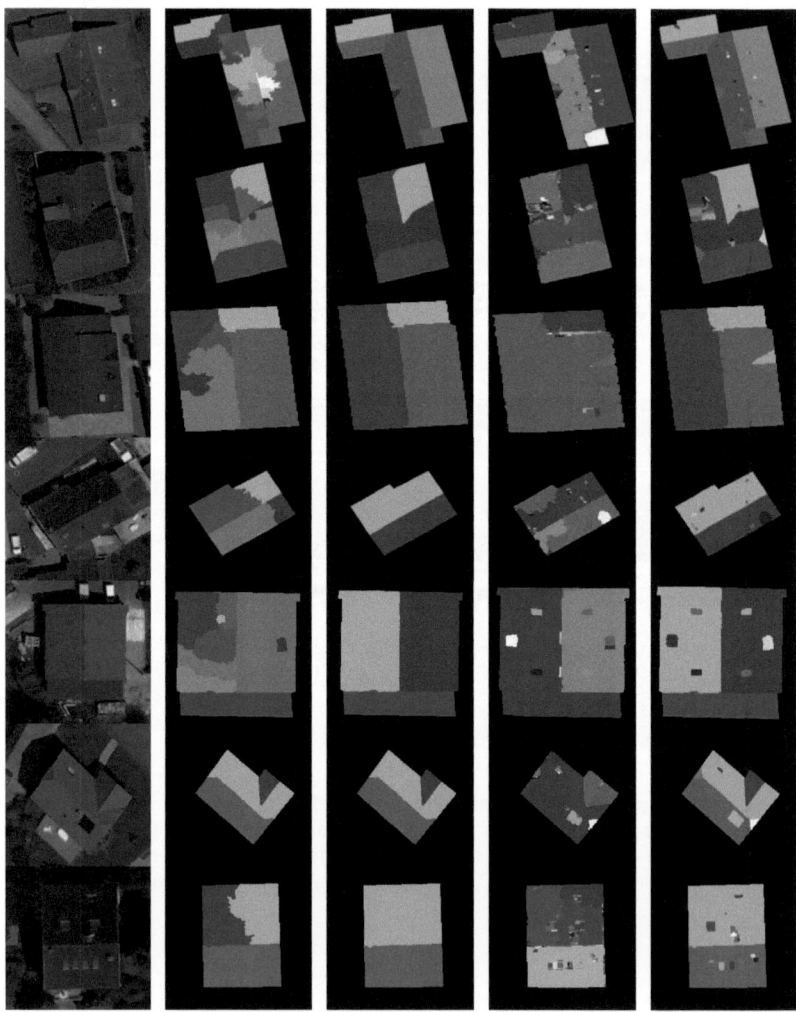

FIGURE 6.7 – Résultats de segmentation basés sur la procédure de coopération proposée. De gauche à droite, les images initiales, les images obtenues par la LPE-régions, après l'étape de fusion de régions, par la LPE-contours et par la procédure de coopération proposée.

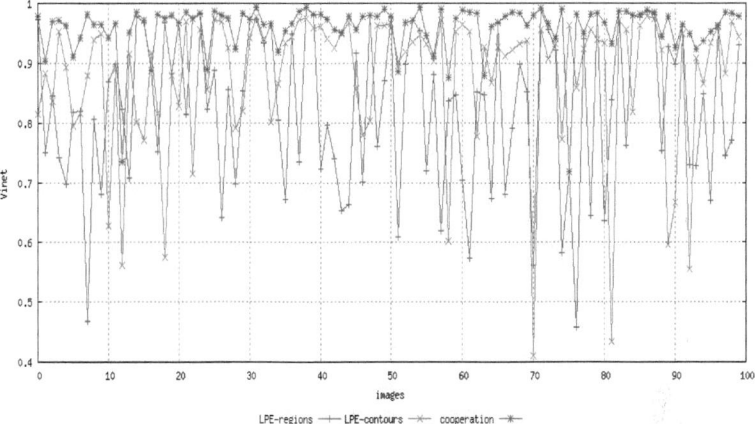

FIGURE 6.8 – Résultats de l'évaluation des images segmentées par la LPE-régions (en rouge), la LPE-contours (en vert) et la stratégie de coopération (en bleu).

D'un point de vue purement quantitatif, et en considérant une moyenne sur la totalité de la base de test, la différence est importante puisque nous passons d'un taux de bonne segmentation de 83% pour la LPE-régions, ou 88% pour la LPE-contours à 96% pour la coopération des deux méthodes. Nous confirmons visuellement ces résultats sur la figure 6.7 en illustrant sur quelques images, les étapes clés du processus de coopération proposé. Notons que les résultats de segmentation obtenus par la LPE-régions seule ne sont pas satisfaisants puisque les images sont souvent sur-segmentées (cf. 2ème colonne de la figure 6.7). La procédure de fusion de régions permet d'améliorer ces résultats, même si plusieurs objets d'intérêt de la toiture comme les fenêtres et les cheminées sont perdus (cf. 3ème colonne de la figure 6.7). L'utilisation de la LPE-contours seule permet de mettre en évidence ces objets, mais produit une sur/sous-segmentation importante. En effet, la LPE-contours en comparaison avec la LPE-régions est plus sélective puisqu'elle permet de cibler de manière fine les structures d'intérêt de la toiture mais au détriment de la qualité de segmentation (cf. 4ème colonne de la figure 6.7). Les résultats de segmentation obtenus par la procédure de coopération proposée mettent en évidence la prise en compte des avantages de chaque méthode et offrent une qualité de segmentation meilleure. En effet, les différents pans de la toiture sont bien segmentés et la plupart des fenêtres et cheminées sont présentes (cf. 5ème colonne de la figure 6.7).

Toutefois, il convient de noter que sur certaines images délicates (5 sur les 100 images testées), l'approche globale proposée fournit des résultats moins performants que ceux obtenus par la LPE-régions ou la LPE-contours appliquées séparément. En effet, sur la figure 6.8, nous pouvons constater visuellement que les résultats de notre approche sont en dessous de ceux de la LPE-contours (respectivement de la LPE-régions) pour 4 images (respectivement 1 image). La figure 6.9 illustre ces images pour lesquelles la qualité de la segmentation obtenue par la procédure de coopération est moins bonne en comparaison avec l'utilisation de la LPE-régions ou de la LPE-contours seule. Les images des trois premières colonnes illustrent le fait que la procédure de coopération souffre de la non-détection/perte de quelques pans de toitures, alors que la LPE-contours ou la LPE-régions ont pu les détecter.

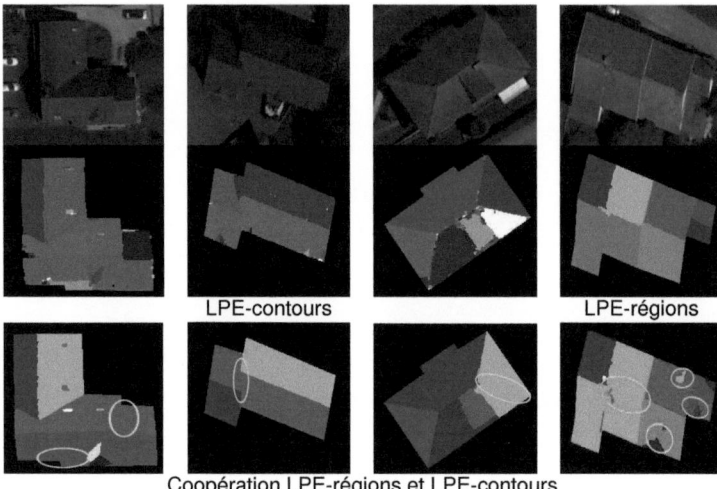

FIGURE 6.9 – Illustration des images pour lesquelles la segmentation produite par notre approche est moins satisfaisante que celle réalisée avec la LPE-contours (les images des trois premières colonnes) ou la LPE-régions (l'image de la dernière colonne).

6.5/ Comparaison avec d'autres méthodes de segmentation de la littérature

Dans cette section, nous étudions les performances de cinq techniques de segmentation issues de la littérature (détaillées dans le chapitre 3 dans le cadre de notre application de segmentation de toitures). Ceci permettra de situer les résultats obtenus avec notre approche et de les comparer avec ceux obtenus par les méthodes considérées. Nous rappelons que les méthodes utilisées pour cette comparaison sont les suivantes : Meanshift MS [Comanicu 2002], Efficient Graph-Based Image Segmentation EGBIS [Felzenszwalb 2004], Statistical Region Merging SRM [Nock 2004], JSEG unsupervised segmentation algorithm [Deng 2001] et Color Structure Code CSC [Rehrmann 1998]. Chacune de ces méthodes est pilotée par un ou plusieurs paramètres de contrôle. Certains paramètres spécifient la taille de l'image ou le format de sortie, tandis que d'autres sont utilisés pour guider le processus de segmentation. Il est à noter que pour obtenir une comparaison significative, chaque algorithme a été testé avec plusieurs combinaisons de paramètres.

La figure 6.10 illustre les résultats de segmentation des différentes approches testées. Pour plus de lisibilité, nous avons séparé les graphiques en deux figures. La première illustre les résultats obtenus avec SRM et Meanshift (qui sont globalement meilleurs que les autres algorithmes de la littérature testés) ainsi que notre approche. La seconde figure illustre les résultats obtenus avec les autres algorithmes de segmentation à savoir CSC, Jseg et EGBIS. Nous tenons à préciser que les graphiques présentés ici correspondent aux résultats de segmentation obtenus avec les meilleurs paramètres de chaque méthode. Les figures 6.11 à 6.15 illustrent sur la totalité de la base et pour chaque méthode, les résultats de segmentation obtenus en fonction de différents paramètres d'entrée.

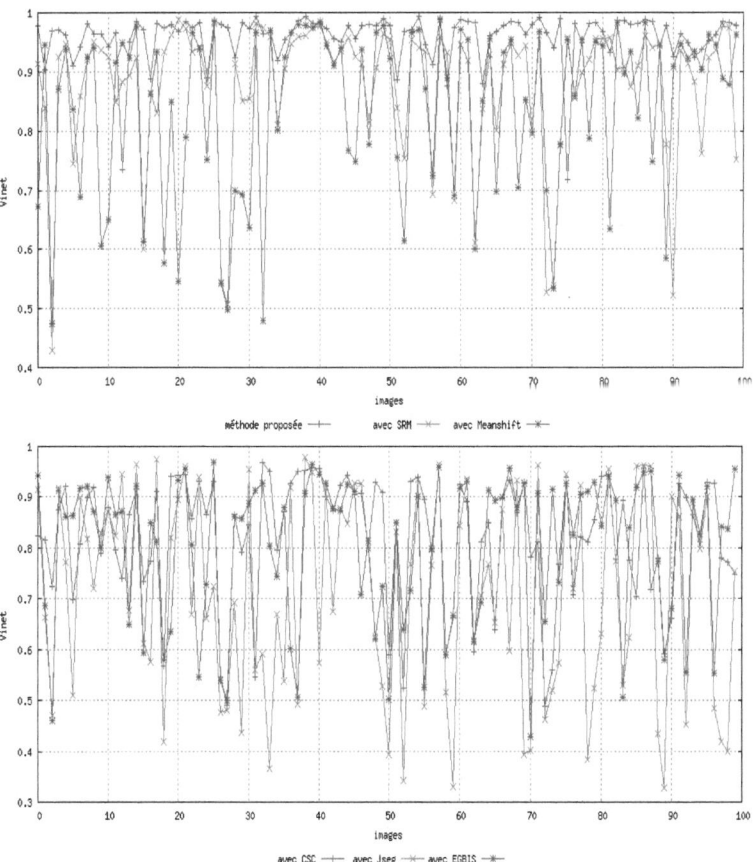

FIGURE 6.10 – Performances des méthodes de segmentation de la littérature et de notre approche.

Le tableau 6.1 illustre les résultats de segmentation des différentes méthodes testées avec différentes valeurs de paramètres. Nous pouvons constater qu'aucune de ces méthodes n'a permis d'aboutir à un taux de bonne segmentation équivalent à celui enregistré avec notre approche. En effet, cette dernière affiche d'excellents résultats

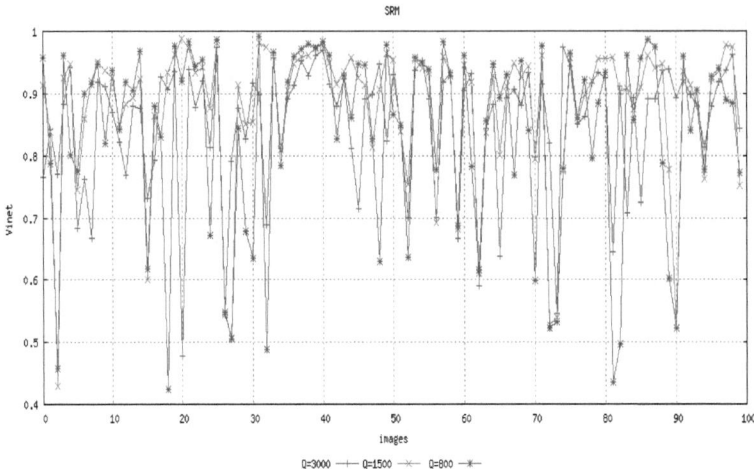

FIGURE 6.11 – Résultats de segmentation obtenus avec SRM pour différentes valeurs de Q.

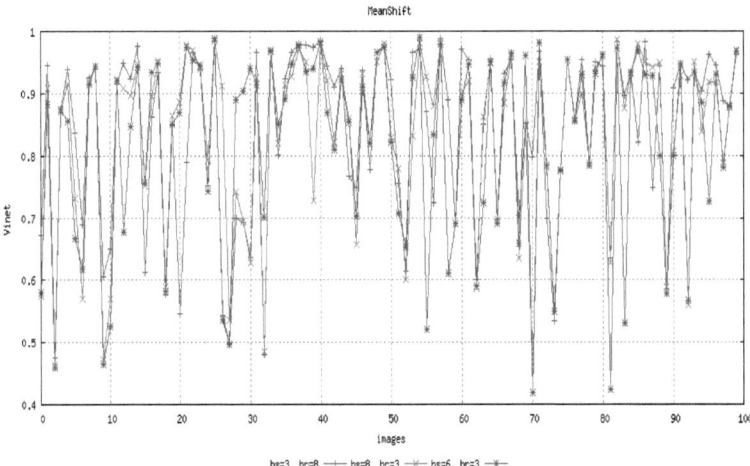

FIGURE 6.12 – Résultats de segmentation obtenus avec MeanShfit pour différentes valeurs de hs et hr.

puisque le taux de bonne segmentation est de 96% VS 87,5% avec le SRM (Q=1500), VS 84% avec le Meanshift (hs=3, hr=8), VS 82% avec le CSC (t=8), VS 80% avec l'EGBIS (σ=0.4, k=200), VS 71% avec le JSEG (m=0.4, q=80). Il convient de noter que pour certaines images, le résultat de segmentation varie très légèrement malgré des

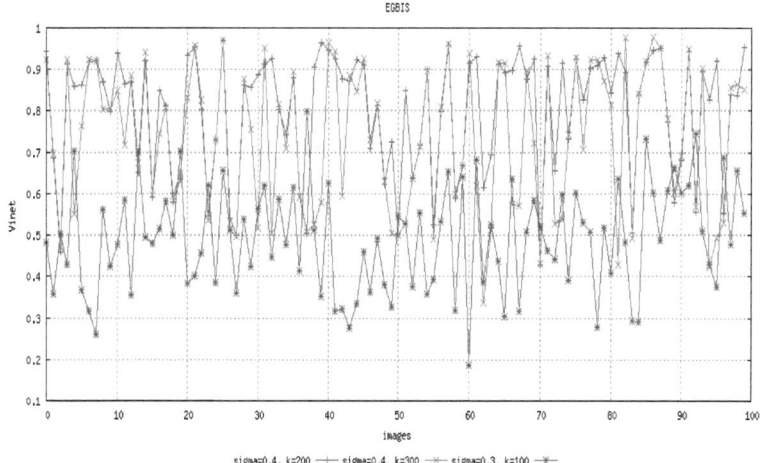

FIGURE 6.13 – Résultats de segmentation obtenus avec EGBIS pour différentes valeurs de σ et k.

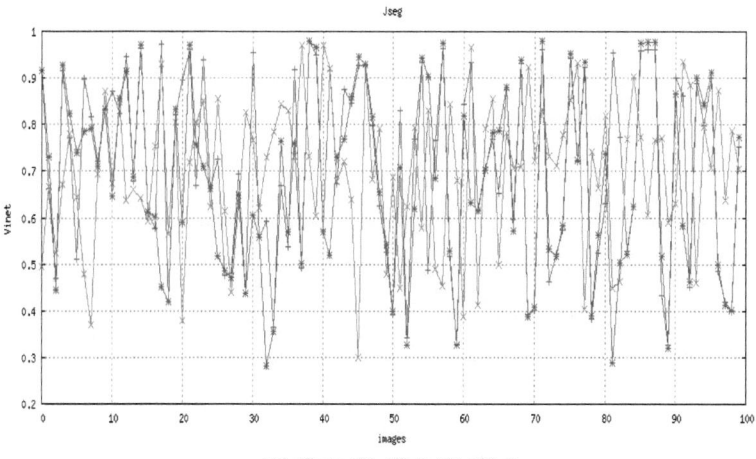

FIGURE 6.14 – Résultats de segmentation obtenus avec Jseg pour différentes valeurs de m et q.

valeurs de paramètres différentes tandis que pour d'autres images, nous constatons le phénomène inverse.

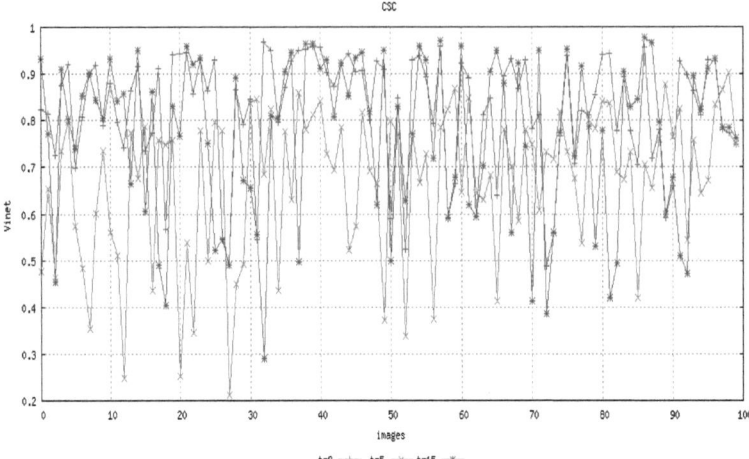

FIGURE 6.15 – Résultats de segmentation obtenus avec CSC pour différentes valeurs de t.

Afin de mieux visualiser le comportement de chacune des méthodes testées, nous illustrons sur la figure 6.16, quelques exemples de segmentations produites sur plusieurs images de la base de test, avec les meilleurs paramètres maximisant la valeur moyenne de Vinet. A travers ces illustrations, nous constatons à l'instar de la plupart des techniques dédiées à la segmentation d'images (rencontrées dans la littérature), que les méthodes testées donnent dans le cadre de notre application, des résultats de segmentation satisfaisants sur certaines images de la base de test, mais s'avèrent défaillantes et totalement inadaptées sur d'autres images de cette même base. Cette remarque rejoint les conclusions de la figure 6.10 dans le sens où les méthodes testées enregistrent un taux de bonne segmentation moins élevé que celui obtenu avec notre approche et souvent très variable selon l'image testée. A titre d'exemple, pour les toitures des deux premières colonnes de la figure 6.16, la qualité de la segmentation est relativement satisfaisante et ce, quel que soit la méthode utilisée. Les images sont bien segmentées et la plupart des régions d'intérêt de la toiture y sont présentes (pans de toiture, fenêtres, cheminées, etc.). En effet, le taux de bonne segmentation obtenu pour la première toiture (première colonne de la figure 6.16) est de 98% pour notre approche VS 92% pour SRM, VS 92% pour Meanshift, VS 92% pour EGBIS, VS 91% pour CSC, VS 81% pour JSEG. En revanche, pour les deux dernières toitures (deux dernières colonnes de la figure 6.16), les résultats obtenus avec les méthodes de la littérature sont de très mauvaise qualité puisque les images sont sous-segmentées. Ce phénomène prend une ampleur importante pour certaines images qui peuvent être complètement sous-segmentées. Cette sous-segmentation s'accompagne dans la plupart des cas, de la perte des principaux pans de la toiture. Le taux de bonne segmentation obtenu est de 80% pour SRM, VS 48% pour Meanshift, VS 42% pour EGBIS, VS 78% pour CSC, VS 40% pour JSEG, alors que nous obtenons 98% avec notre approche.

méthodes	Paramètres	Valeur moyenne de Vinet
SRM	Q= 600	85%
	Q= 800	85,6%
	Q= 1500	87,5%
	Q= 3000	86%
CSC	t=5	67,5%
	t=8	82%
	t=12	81,5%
	t=15	78,5%
EGBIS	$\sigma=0.3$, $k=100$	48,5%
	$\sigma=0.4$, $k=200$	80%
	$\sigma=0.4$, $k=300$	74%
	$\sigma=0.5$, $k=200$	80%
MeanShfit	$hs=6$, $hr=3$	81%
	$hs=3$, $hr=8$	84%
	$hs=8$, $hr=3$	83%
	$hs=10$, $hr=5$	73%
JSEG	$m=0.1$, $q=10$	70%
	$m=0.1$, $q=100$	67%
	$m=0.4$, $q=80$	71%
	$m=1$, $q=100$	67%
LPE-contours	$\tau = 5$	84%
	$\tau = 6$	88%
	$\tau = 7$	86%
LPE-régions	$\alpha = 5$ et $\beta = 10$	79%
	$\alpha = 10$ et $\beta = 15$	83%
	$\alpha = 10$ et $\beta = 30$	77%
Notre approche	$\alpha = 10$ et $\beta = 15$	96%

TABLE 6.1 – Performance (évaluée avec le critère de Vinet) des différentes méthodes de segmentation de la littérature et de la méthode proposée, en fonction de différents paramètres.

D'après les tests effectués sur les différentes images de la base de test, il est très difficile, malgré différentes valeurs de paramètres, de détecter toutes les arêtes de toitures avec les méthodes de segmentation de la littérature testées. Prenons l'exemple de la toiture de la première ligne de la figure 6.17. Nous pouvons alors remarquer qu'il faut attendre une valeur élevée du paramètre Q de l'algorithme SRM (Q=51000) pour que l'arête entourée par le cercle jaune soit finalement détectée, mais au détriment d'une sur-segmentation importante de l'image. A cela s'ajoute un autre problème relatif à la qualité des arêtes détectées qui n'est pas toujours bonne. La figure 6.18 illustre la mauvaise qualité des arêtes détectées par les différents algorithmes de segmentation de la littérature. Sur cette figure, nous constatons que certaines arêtes détectées par les algorithmes de segmentation testés ne respectent pas la nature rectiligne des arêtes de la toiture alors que ce point est assuré par l'approche de segmentation que nous avons proposée. Prenons l'exemple de la toiture de la première ligne de la figure 6.18, nous

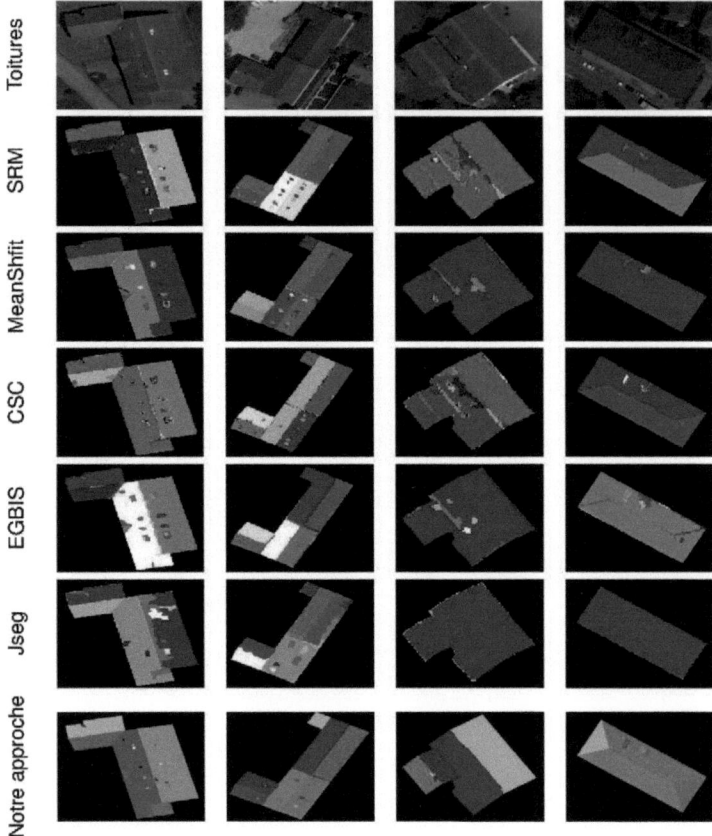

FIGURE 6.16 – Résultats de segmentations obtenus avec les méthodes de segmentation de la littérature et notre méthode.

pouvons alors remarquer que la détection de l'arête entourée par le cercle jaune est atteinte après application d'une valeur élevée du paramètre Q de l'algorithme SRM, mais avec une très mauvaise qualité. En effet, contrairement aux autres arêtes détectées de l'image, l'aspect rectiligne n'est pas respecté par l'arête en question. Une méthode de fusion basée sur des grandeurs géométrique telle que celle que nous avons proposée ne parvient pas à conserver l'arête considérée.

Selon les constatations faites précédemment, nous pouvons conclure que le choix des paramètres dans ces méthodes de segmentation est un problème délicat nécessitant de multiples séries de tests et d'optimisation sans pour autant parvenir à un résultat de segmentation acceptable. Ceci nous amène à la conclusion que ces différentes méthodes

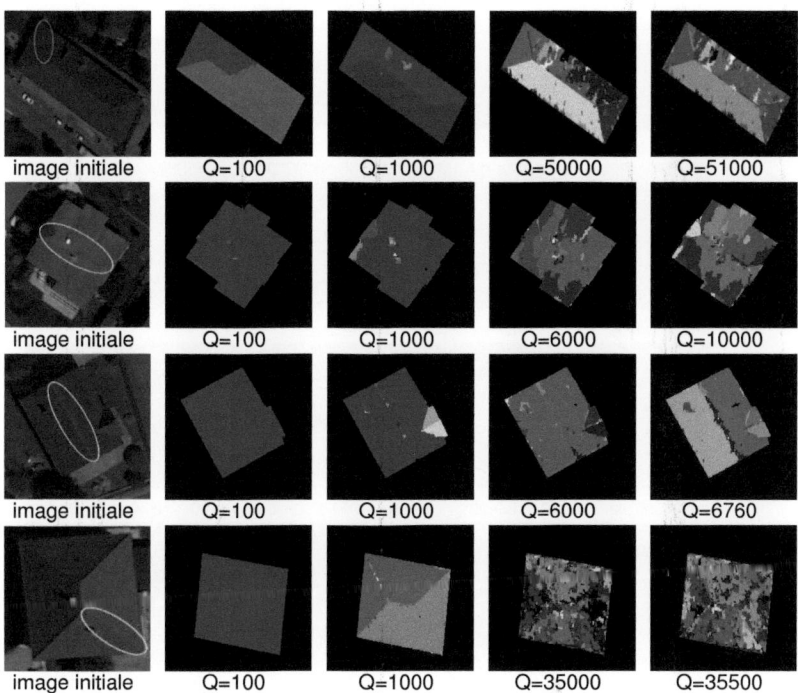

FIGURE 6.17 – Illustration de la mauvaise détection des arêtes par l'algorithme SRM.

ne sont pas bien adaptées à notre application et que la coopération des segmentations LPE-régions et LPE-contours présente un excellent compromis.

6.6/ CONCLUSION

Dans ce chapitre, nous avons passé en revue différentes approches de segmentation par coopération régions-contours, à savoir les approches par : 1/ coopération séquentielle ; 2/ coopération mutuelle ; 3/ coopération des résultats et 4/coopération hybride. Nous avons ensuite développé la dernière partie de l'approche de segmentation d'orthophotoplans proposée à savoir la coopération des deux techniques de segmentation LPE-régions et LPE-contours présentées dans le chapitre précédent. Les résultats expérimentaux mettent en évidence le potentiel de cette coopération de méthodes, qui permet d'aboutir à des segmentations de meilleure qualité en comparaison avec celles obtenues avec chacune des méthodes utilisées séparément. Les segmentations produites sont pertinentes et la plupart des objets d'intérêt y sont présents (cheminées, fenêtres, chiens assis, etc.). D'autre part, les résultats de l'approche proposée se positionnent au dessus de ceux obtenus avec de nombreuses méthodes de la littérature connues pour leurs per-

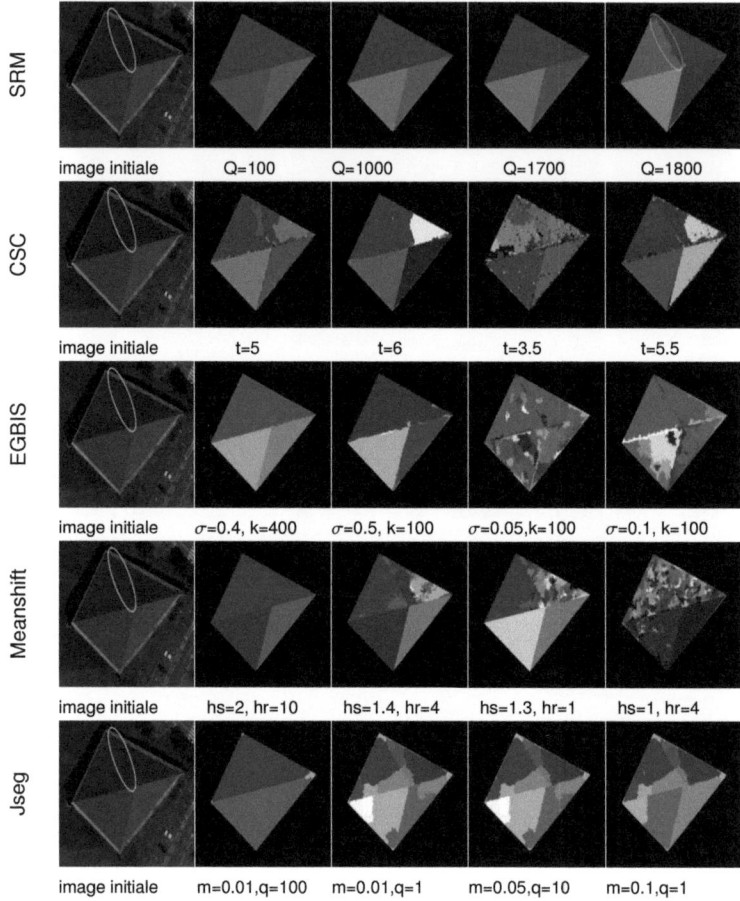

FIGURE 6.18 – Illustration de la mauvaise qualité des arêtes détectées par les algorithmes de segmentation testés (CSC, EGBIS, MeanShfit et Jseg).

formances. Ceci est justifié, comme il a été montré à plusieurs reprises dans ce chapitre, par le taux de bonne segmentation élevé (évalué à l'aide du critère de Vinet) obtenu par la procédure de coopération proposée (96%), en comparaison avec ceux obtenus par les cinq méthodes testées (87,5% avec SRM, 84% avec Meanshift, 82% avec CSC, 80% avec EGBIS et 71% avec JSEG). Nous avons alors montré que ces algorithmes de segmentation ne parviennent généralement pas à segmenter des images très bruitées telles que celles considérées dans le cadre de notre application. En revanche, notre approche a montré des performances supérieures en garantissant l'obtention des résultats de segmentation très intéressante pour notre application, à savoir la segmentation de toitures.

Cette approche affiche, contrairement aux autre techniques de segmentation, une grande robustesse face aux imperfections dues aux divers artefacts affectant généralement les images aériennes (les orthophotoplans dans notre cas).

7
CONCLUSION GÉNÉRALE ET PERSPECTIVES

Apports de cette thèse

Le but des travaux proposés était de développer une chaîne complète de traitements automatiques, capable de fournir en sortie une segmentation fiable des toitures en différentes régions d'intérêt (pans de toitures, cheminées, fenêtres, chiens assis, etc.). Tout au long de ce mémoire, nous avons présenté les données de télédétection, différentes techniques de segmentation d'images couleur, un état de l'art sur les différents invariants colorimétriques et principales méthodes de calcul de gradient (niveaux de gris et couleur), quelques techniques de fusion de régions, les méthodes de segmentation par coopération régions-contours et notre approche de segmentation basée sur la LPE.

Dans un premier temps, nous nous sommes intéressés à une étape de pré-traitement des imagettes de toitures avant l'étape de segmentation par LPE. Il s'agit d'une étape de simplification d'images qui consiste à faire face aux imperfections dues aux divers artefacts affectant généralement les images aériennes (orthophotoplans dans notre cas). Dans le cadre de notre application, nous avons opté à l'instar de plusieurs travaux de recherche, d'exploiter les performances apportées par des transformations de couleur connues sous le nom "invariants colorimétriques". Il est à noter que l'image de gradient à fournir en entrée de la LPE est fortement influencée par l'invariant testé, nous parlons alors du choix d'un couple invariant/gradient optimal ou approprié. Etant donné que la littérature foisonne de plusieurs invariants colorimétriques et méthodes de calcul de gradient que ce soit niveaux de gris ou couleur, nous avons proposé une stratégie permettant de sélectionner le couple invariant/gradient le plus approprié pour notre application en considérant 24 invariants et 14 gradients (8 gradients niveaux de gris et 6 gradients couleur). Les résultats ont permis de montrer que l'utilisation du couple Greyworld/Di-zenzo couplé à une LPE améliore les résultats de segmentation dans le cas couleur tandis qu'il s'agit du couple HSL-Z/Prewitt dans le cas niveaux de gris. Ce processus d'optimisation du couple invariant/gradient est rendu possible grâce à une méthode d'évaluation que nous avons proposée.

Dans un deuxième temps, nous avons présenté deux techniques de segmentation par LPE effectuées sur l'image préalablement simplifiée par le couple invariant/gradient

CHAPITRE 7. CONCLUSION GÉNÉRALE ET PERSPECTIVES

retenu. La première est basée sur l'utilisation de la LPE-régions, avec une technique efficace de fusion de régions pour réduire l'effet de sur-segmentation occasionné naturellement par les algorithmes de LPE. Le prédicat de fusion que nous avons proposé intègre des critères faisant intervenir des grandeurs radiométriques et géométriques basés sur les particularités des orthophotoplans traités. Les grandeurs radiométriques sont définies par la moyenne intérieure des régions et le contraste observé sur le contour de la LPE entre deux régions candidates à la fusion. Les grandeurs géométriques expriment la forme des contours de LPE. Nous avons vu que l'intégration de ces deux grandeurs constitue un critère de fusion plus pertinent permettant ainsi de guider plus intelligemment le processus de segmentation. Pour calculer les grandeurs géométriques, nous avons proposé une technique de caractérisation 2D des arêtes de toitures par des segments. Cette dernière permet de mettre en évidence la nature rectiligne des arêtes de toitures et la nature curviligne des contours de LPE issus de la sur-segmentation. La seconde technique de segmentation est basée sur l'utilisation de la LPE-contours pour laquelle nous avons mené une étude afin d'optimiser son paramétrage et in fine obtenir des résultats satisfaisants. Nous avons montré par le biais des tests effectués que ces deux techniques de segmentation par LPE présentent des avantages l'une par rapport à l'autre, mais en contre partie souffrent de quelques imperfections. D'où l'idée de les faire coopérer/intégrer dans un même schéma global de segmentation.

Dans un troisième temps, nous avons présenté notre approche de segmentation par coopération entre les deux techniques de segmentation basée sur la LPE présentées précédemment. Comme il a été démontré, ceci a permis de tirer profit des avantages de chacune d'elles, de pallier leur inconvénients lorsqu'elles sont utilisées indépendamment, et par conséquent de garantir l'obtention de résultats structurellement cohérents par rapport aux données initiales. En effet, des résultats très intéressants ont été obtenus avec des taux de bonne segmentation satisfaisants. Nous avons pu aboutir à des résultats de segmentation fiables des toitures et les segmentations produites sont quasiment proches des vérités terrain correspondantes. Ceci a été justifié à plusieurs reprises dans les trois derniers chapitres, par le taux de bonne segmentation atteint par la procédure de coopération proposée (96%) en comparaison avec ceux obtenus soit par les deux algorithmes de base (83% par LPE-régions et 88% par LPE-contours), soit par les cinq principales méthodes de segmentation de la littérature que nous avons choisies pour la comparaison (87,5% avec le SRM, 84% avec le Meanshift, 82% avec le CSC, 80% avec l'EGBIS et 71% seulement avec le JSEG). Nous avons montré que notre approche a souligné les potentialités évidentes des méthodes de segmentation par coopération en affichant, contrairement aux autre techniques de la littérature, une grande robustesse face aux imperfections dues aux divers artefacts affectant généralement les images aériennes (orthophotoplans dans notre cas).

Perspectives

Pour les développements futurs, nous suggérons les perspectives suivantes :

Etant donné que l'objectif principal et final des travaux de recherche développés dans le cadre de cette thèse est la génération automatique des bâtiments 3D, une première perspective consiste alors à extraire des mesures sur les toitures segmentées afin de faciliter la construction des modèles 3D correspondants. A cette fin, nous proposons d'exploiter la technique de caractérisation 2D de toitures que nous avons proposée dans le chapitre 4. En effet, cette technique permet de mesurer la longueur des différentes arêtes constituant la toiture, calculer leurs directions, les angles formés par ces arêtes deux à deux, la surface délimitée par plusieurs arêtes, etc.

En ce qui concerne la segmentation d'images par exploitation de l'information couleur, nous envisageons d'améliorer l'étape de la simplification d'images en appliquant la LPE sur des images simplifiées par d'autres techniques issues de la littérature (équations aux dérivées partielles, approches par graphes, approches morphologiques hiérarchiques, etc) tout en conservant l'utilisation d'invariants colorimétriques, ce qui apportera probablement de la robustesse à l'approche de segmentation d'orthophotoplans adoptée.

Enfin, nous suggérons d'orienter nos travaux de recherche vers la détection automatique des bâtiments à partir des orthophotoplans. Dans ce cadre, nous proposons à l'instar des méthodes de détection de bâtiments abordées dans le chapitre 2, d'exploiter les informations de couleur et de texture contenues dans les images aériennes et l'information 3D des données LiDAR fournie avec l'orthophotoplan en notre possession. Une première piste consiste comme il a pu être remarqué dans le chapitre 4, d'exploiter quelques invariants colorimétriques permettant de mettre en évidence les zones bâtiments et ceux permettant de mettre en second plan les zones de végétation. Une combinaison de ces informations (bâtiments, végétation, etc.) avec les données LiDAR pourrait certainement permettre d'extraire efficacement les toits de bâtiments dans les orthophotoplans.

8
PUBLICATIONS DE L'AUTEUR

Revues internationales

1. Y. El-Merabet and C. Meurie and Y. Ruichek and A. Sbihi and R. Touahni. Segmentation d'images aériennes par coopération LPE-régions et LPE-contours : Application à la caractérisation de toitures. soumise dans Télédétection.

Communications internationales avec actes et comité de lecture

1. Y. El-Merabet and C. Meurie and Y. Ruichek and A. Sbihi and R. Touahni and O. Lamotte. Segmentation D'Orthophotoplans Et Invariants Colorimétriques Pour La Détection De Toitures. Colloque International TELECOM'2011 & 7èmes JFMMA, Tanger Maroc, 2011.

2. Y. El merabet and C. Meurie and Y. Ruichek and A. Sbihi and R. Touahni. Orthophotoplans Segmentation and Colorimetric Invariants for Roof Detection. LNCS 6979, 16th International Conference on Image Analysis and Processing (ICIAP), pages 394-403, Ravenna Italy, 2011.

3. Y. El-Merabet and C. Meurie and Y. Ruichek and A. Sbihi and R. Touahni. Watershed Regions and Watershed Lines Based Cooperation Strategy for Image Segmentation. Application to Roof Detection. The 11th IEEE International Symposium on Signal Processing and Information Technology (ISSPIT), pages 393-398, Bilbao Spain, Dec 2011

4. Y. El-Merabet and C. Meurie and Y. Ruichek and A. Sbihi and R. Touahni. Orthophotoplan Segmentation Based on Regions Merging for Roof Detection. IS&T/SPIE Electronic Imaging 2012 - Image Processing : Machine Vision Applications V, SPIE 8300, Burlingame USA, January 2012.

Bibliographie

[Ahmed 2006] F. Ahmed et M. Tim. *A Faster Graph-Based Segmentation Algorithm with Statistical Region Merge*. Second international conference on Advances in Visual Computing, pages 286–293, 2006.

[Akcay 2010] H.G Akcay et S. Aksoy. *Building Detection Using Directional Spatial Constraints*. IGARSS, pages 1932–1935, 2010.

[Alshatti 1994] W. Alshatti. *Approches vectorielles du filtrage et de la détection de contours dans des images multi-spectrales*. PhD thesis, Université de Savoie, 1994.

[Amani 2006] M. Amani. *Détection et exploitation d'ombre de bati sur les images de très haute résolution spatiale (IKONOS) : Application au milieu urbain (Sherbrooke)*. PhD thesis, Université de Sherbrooke, 2006.

[Andrade 1997] M.C Andrade, G. Bertrand et A. Araujo. *Segmentation of microscopic images by flooding simulation : A catchment basins merging algorithm*. ISI/SPIE Symp. On Electronic Imaging, Science & Technology, San-Jose-CA, USA, 1997.

[Angiati 2011] E. Angiati et S. Dellepiane. *Identification of roofs perimeter from aerial and satellite images*. 17th International Conference on Digital Signal Processing (DSP), pages 1–7, 2011.

[Angulo 2004] J. Angulo et J. Serra. *Traitements des images de couleur en représentation luminance/saturation/teinte par norme L1*. Revue Traitement du Signal, vol. 21, pages 583–604, 2004.

[Anil 2010] P.N Anil et Dr.S Natarajan. *A Novel Approach Using Active Contour Model for Semi-Automatic Road Extraction from High Resolution Satellite Imagery*. Second International Conference on Machine Learning and Computing. Bangalore, India, 2010.

[Anwander 2001] A. Anwander, B. Neyran et A. Baskurt. *Gradient couleur multiéchelle pour la segmentation dâimages*. Traitement du Signal, vol. 18, page 129à142, 2001.

[Arrivault 2006] D. Arrivault. *Apport des Graphes dans la Reconnaissance Non-Contrainte de Caractères Manuscrits Anciens*. PhD thesis, Université de Poitiers, 2006.

[Atena 2010] H. Atena, M.J Zoej, A. Mohammad et M. Taleai. *Détection de dommages et évaluation des dégats du réseau routier après un séisme, en utilisant des images QuickBird haute résolution*. pages 41–47, 2010.

[Baddeley 1992] A. J. Baddeley. *An error metric for binary images*. in Robust Computer Vision, Wichmann, Karlsruhe, Germany, pages 59–78, 1992.

[Baillie 2003] J.C Baillie. *Traitement dâImage et Vision Artificielle*. Module D9, 2003.

[Baltsavias 2004] E.P Baltsavias. *Objet extraction and revision by image analysis using existing geodata anad knowledge : current status and steps towards operational system.* ISPRS J. Photogramm. Remote Sensing, vol. 58, pages 129–151, 2004.

[Baran 2012] J. Baran et J. Gauch. *Motion tracking in video sequences using watershed regions and SURF features.* the 50th Annual Southeast Regional Conference, pages 256–261, 2012.

[Beare 2006] R. Beare. *A locally constrained watershed transform.* IEEE Transactions on Pattern Analysis and Machine Intelligence, vol. 28, pages 1063–1074, 2006.

[Bellet 1995] F. Bellet, M. Salotti et C. Garbay. *Une approche opportuniste et coopérative pour la vision de bas niveau.* Traitement du signal, vol. 12, pages 479–494, 1995.

[Berrada 2006] A. Berrada. *Identification des piscines à l'aide d'une image IKONOS : cas de la ville de Sherbrooke.* Mémoire de métrise, département de géomatique appliquée, Université de Sherbrooke, Sherbrooke, 2006.

[Bertolino 1996] P. Bertolino et A. Montanvert. *Coopération régions contours multirésolution en segmentation dâimage.* 10e Congrès AFCET/Reconnaissance des formes et intelligence artificielle, Rennes, Association franÃ§aise pour la cybernétique économique et technique, Paris, pages 299–307, 1996.

[Beucher 1979] S. Beucher et C. Lantuejoul. *Use of watersheds in contour detection.* International Workshop on Image Processing, Real-Time Edge and Motion Detection/Estimation, Rennes, pages 17–21, 1979.

[Bhattacharya 1997] U. Bhattacharya et S.K. Parui. *An improved backpropagation neural network for detection of road-like features in satellite imagery.* International Journal of Remote Sensing, vol. 18, page 3379â3394, 1997.

[Borsotti 1998] M. Borsotti, P. Campadelli et R. Schettini. *Quantitative evaluation of color image segmentation results.* Pattern Recognition Letters, vol. 19, pages 741–74, 1998.

[Brice 1970] C.R Brice et C.L Fennema. *Scene analysis using regions.* Artificial Intelligence, vol. 1, pages 205–226, 1970.

[Bronshtein 1985] I.N Bronshtein et K.A Semendyayev. *Handbook of Mathematics.* 3rd ed. Frankfurt : Verlag Harri Deutsch, 973 p, 1985.

[Buchsbaum 1980] G. Buchsbaum. *A spatial processor model for object colour perception.* Journal of the Franklin Institute, vol. 3, pages 1–26, 1980.

[Bul 2008] *Bulletin de l'Information Geographique Appliquée aux Activités de Recherche-Développement.* BIG n 3 - Initiation à la Télédétection, 2008.

[Busch 2004] A. Busch, M. Gerke, D. Grunreich, Ch. Heipke, C.E Liedtke et S. Muller. *Automated verification of a topographic reference dataset : system design and practical results.* International Archives of Photogrammetry & Remote Sensing, vol. XXXV, Part B2, pages 735–740, 2004.

[Butenuth 2003] M. Butenuth, B. Straub, C. Heipke et F. Willrich. *Tree Supported Road Extraction from Arial Images Using Global and Local Context Knowledge.* ICVS, LNCS 2626, pages 162–171, 2003.

[Caliman 2011] A. Caliman, M. Ivanovici et N. Richard. *Colour Fractal Dimension for Psoriasis Image Analysis.* Signal Processing and Applied Mathematics for Electronics and Communications, 2011.

[Canny 1983] J.F Canny. *Finding edges and lines in images.* Technical Report AI-TR-720, MIT Artificial Intelligence Laboratory, Cambridge, Massachusetts, USA, 1983.

[Canny 1986] J.F Canny. *A computational approach to edge detection.* IEEE Transactions on Pattern Analysis and Machine Intelligence, vol. 8, pages 679–698, 1986.

[Carron 1995] T. Carron. *Segmentation dâimages couleur dans la base Teinte Luminance Saturation : approche numérique et symbolique.* Thèse de doctorat, Thèse de l'Université de Savoie soutenue, décembre, 1995.

[Celebi 2011] M.E Celebi, H. Kingravi, H. Iyatomi, Y. Aslandogan, W. Stoecker, R. Moss, J. Malters, J. Grichnik, A. Marghoob, H. Rabinovitz et S. Menzies. *Border detection in dermoscopy images using statistical region merging.* Skin Research and Technology, vol. 14, pages 347–353, 2011.

[Chae 2012] Y. Chae et D. Kim. *Automatic Marker-Driven Three Dimensional Watershed Transform for Tumor Volume Measurement.* Advances in Hybrid Information Technology, vol. 4413, pages 149–158, 2012.

[Chang 2007] Y.C Chang, D.J Lee et Y.G Wang. *Color-Texture Segmentation of Medical Images Based on Local Contrast Information.* IEEE Symposium on Computational Intelligence and Bioinformatics and Computational Biology, CIBCB '07, pages 488 – 493, 2007.

[Chapron 1991] M. Chapron et P. Coquerez. *La segmentation dâimages couleur à partir dâun nouveau détecteur de contours.* 13e colloque GRETSI, Juan-les-Pins, France, pages 1089–1093, 1991.

[Chen 2008] X. Chen, H. Huang, H. Zheng et C. Li. *Adaptive Bandwidth Mean Shift Object Detection.* IEEE Conference on Robotics, Automation and Mechatronics, pages 210–215, 2008.

[Chen 2011] W.B Chen, X. Zhang et S.Q Luo. *Video Vehicle Tracking Based on Improved Mean-Shift Algorithm.* Advanced Materials Research, vol. 179-180, pages 1408–1411, 2011.

[Cheng 2006] L. Cheng. *Removing Shadows From Color Images.* PhD thesis, University of Science and Technology, Beijing, 2006.

[Chiroiu 2003] L. Chiroiu. *High resolution satellite imagery-new perspectives for the earthquake risk management.* Workshop on Application of remote sensing technologies for disaster response, University of California, Irvine, 2003.

[Cho 1997] K. Cho et P. Meer. *Image Segmentation from Consensus Information.* Computer Vision and Image Understanding, vol. 68, pages 72–89, 1997.

[Cohen 2010] A. Cohen, D. Attia, C. Meurie et Y. Ruichek. *Une méthode de segmentation hybride par combinaison adaptative des informations texture et couleur.* Conférence MAJESTIC, Bordeaux, France, 2010.

[Comanicu 2002] D. Comanicu et P. Meer. *Mean shift : A robust approach toward feature space analysis*. IEEE Transactions on Pattern Analysis and Machine Intelligence 24, pages 603–619, 2002.

[Cong 2010] T. Cong, L. Khoudour, C. Achard, C. Meurie et O. Lezoray. *People re-identification by spectral classification of silhouettes*. Signal Processing, vol. 90, pages 2362–2374, 2010.

[Coppin 2004] P. Coppin, I. Jonckheere, K. Nackaerts, B. Muys et E. Lambin. *Digital change detection methods in ecosystem monitoring : a review*. International Journal of Remote Sensing, vol. 25, pages 1565–1596, 2004.

[Corbane 2008] C. Corbane, F. Marre et M. Petit. *Using SPOT-5 HRG data in panchromatic mode for operational detection of small ships in tropical area*. Sensors, vol. 8, pages 2959–2973, 2008.

[Corbane 2010] C. Corbane, L. Najman, E. Pecoul, L. Demagistri et M. Petit. *A complete processing chain for ship detection using optical satellite imagery*. International Journal of Remote Sensing, vol. 31, pages 5837–5854, 2010.

[Cormen 1990] T.H Cormen, C.E Leiserson et R.L Rivest. *Introduction to Algorithms*. McGraw-Hill Book Company, 1990.

[Cote 2007] M. Cote, P. Payeur et G. Comeau. *Video Segmentation for Markerless Motion Capture in Unconstrained Environments*. LNCS : the 3rd international conference on Advances in visual computing, pages 791–800, 2007.

[Couloigner 2000] I. Couloigner et T. Ranchin. *Mapping of urban areas : A multiresolution modeling approach for semi-automatic extraction of streets*. Photogrammetric Engineering and Remote Sensing, vol. 66, pages 867–874, 2000.

[Crisp 2004] D.J Crisp. *The state-of-the-art in ship detection in synthetic aperture radar imagery*. Technical report, Defence Science and Technology Organisation-Australia, 2004.

[Cufi 2001] X. Cufi, X. Muñoz, J. Freixenet et J. Marti. *A Review on Image Segmentation Techniques Integrating Region and Boundary Information*. in P. W. Hawkes (réd). Advances in Imaging and Electron Physics. Academic Press, San Diego, vol. 120, pages 1–39, 2001.

[Dargham 2008] J.A Dargham. *Lip detection by the use of neural networks*. Artif Life Robotics, vol. 12, pages 301–306, 2008.

[Deilamani 2011] M.J Deilamani et R.N Asli. *Moving object tracking based on mean shift algorithm and features fusion*. International Symposium on Artificial Intelligence and Signal Processing AISP, pages 48–53, 2011.

[Delenne 2008] C. Delenne, G. Rabatel, V. Agurto et M. Deshayes. *An Automatized Frequency Analysis for Vine Plot Detection and Delineation in Remote Sensing*. IEEE Geoscience and Remote Sensing Letters, vol. 5, pages 341–345, 2008.

[Deng 1999] Y. Deng, S. Kenney, M. Moore et B.S Manjunath. *Peer group filtering and perceptual color image quantization*. IEEE Int. Symp. on Circuits and Systems VLSI ISCAS, vol. 4, pages 21–24, 1999.

[Deng 2001] Y. Deng et B.S Manjunath. *Unsupervised Segmentation of Color-Texture Regions in Images and video*. IEEE Trans. Pattern Anal. Mach. Intell, vol. 23, pages 800–810, 2001.

[Deriche 1990] R. Deriche. *Fast algorithms for low-level vision*. IEEE Trans. Pattern Analysis and Machine Intelligence, vol. 12, pages 78–87, 1990.

[Derivaux 2007] S. Derivaux, S. Lefèvre, C. Wemmert et J.J Korczak. *Segmentation par ligne de partage des eaux basées sur des connaissances texturales*. Colloque GRETSI sur le Traitement du Signal et des Images, Troyes, France, 2007.

[Dezso 2012] B. Dezso, R. Giachetta, I. Laszlo et I. Fekete. *Experimental study on graph-based image segmentation methods in the classification of satellite images*. EARSeL eProceedings, pages 12–24, 2012.

[Di-Zenzo 1986] R. Di-Zenzo. *A note on the gradient of a multi-image*. Computer Vision, Graphics and Image Processing : Graphical Models and Image Processing, vol. 33, pages 116–125, 1986.

[Di 2003] K. Di, J. Wang, R. Ma et R. Li. *Automatic shoreline extraction from high-resolution Ikonos satellite imagery*. Annual ASPRS Conference. Anchorage, Alaska, 2003.

[Digabel 1978] H. Digabel et C. Lantuéjoul. *Iterative algorithms*. 2nd European Symp. Quantitative Analysis of Microstructures In Material Science, Biology and Medicine, pages 85–99, 1978.

[Donnay 2001] J.P Donnay, M.J Barnsley et P.A Longley. *Remote sensing and urban analysis*. Remote Sensing and Urban Analysis, pages 3–18, 2001.

[Duda 1970] R. Duda et P. Hart. *Pattern Classification and Scene Analysis*. New York : John Wiley & Sons, 1970.

[El-merabet 2012] Y. El-merabet, C. Meurie, Y. Ruichek, A. Sbihi et R. Touahni. *Orthophotoplan segmentation based on regions merging for roof detection*. IS&T/SPIE Electronic Imaging-Image Processing : Machine Vision Applications V, Burlingame, California, USA, vol. 8300, 2012.

[Fan 2001] J. Fan, D.K.Y Yau, A.K Elmagarmid et W.G Aref. *Automatic Image Segmentation by Integrating Color-Edge Extraction and Seeded Region Growing*. IEEE Transactions on Image Processing, vol. 10, pages 1454–1466, 2001.

[Fellah 2003] K. Fellah, L.C Stock, F. Axes, H. Bach, U. Ebel, O. Grabak et P.D Fraipont. *Towards an operational EO service for flood monitoring*. IEEE Proceedings of International Geoscience and Remote Sensing Symposium, vol. 2, pages 1299–1301, 2003.

[Felzenszwalb 2004] P. Felzenszwalb et D. Huttenlocher. *Efficient graph-based image segmentation*. Int. Journal of Computer Vision, vol. 59, pages 167–181, 2004.

[Feng 2007] G. Feng, S. Wang et T. Liu. *New benchmark for image segmentation evaluation*. Journal of Electronic Imaging, vol. 16, pages 1–16, 2007.

[Finlayson 1998] G.D Finlayson, B. Schiele et J.L Crowley. *Comprehensive colour image normalization.* Fifth European Conference on Computer Vision, pages 475–490, 1998.

[Finlayson 2000] G. Finlayson, S. Hordley, J. Marchant et C. Onyango. *Color invariance at a pixel.* 11th British Machine Vision Conference, Bristol, 2000.

[Finlayson 2001] G. Finlayson et G. Schaefer. *Hue that is invariant to brightness and gamma.* In Proc. British Machine Vision Conference, pages 303–312, 2001.

[Fiset 1998] R. Fiset, F. Cavayas, M.C Mouchot, B. Solaiman et R. Desjardins. *Map-image matching using a multi-layer perception : the case of the road network.* ISPRS Journal of Photogrammetry and Remote Sensing, vol. 53, pages 76–84, 1998.

[Floriani 2012] L. Floriani, F. Iuricich, P. Magillo, M. Mostefa et K. Weiss. *Discrete Distortion for 3D Data Analysis.* Mathematics and Visualization, Visualization in Medicine and Life Sciences, pages 3–25, 2012.

[Flouzat 1998] G. Flouzat, O. Amram et et S. Cherchali. *Spatial and spectral segmentation of sattellite remote sensing imagery using processing graphs by mathematical morphology.* Proceedings IEEE Geoscience and Remote Sensing Symposium, vol. 4, pages 1769–1771, 1998.

[Foliguet 2006] S.P Foliguet et L. Guigues. *Evaluation de la segmentation dâimages : état de lâart, nouveaux indices et comparaison.* Traitement du Signal, vol. 23, pages 109–124, 2006.

[Freiman 2012] M. Freiman, L. Joskowicz, N. Broide, M. Natanzon, E. Nammer, O. Shilon, L. Weizman et J. Sosna. *Carotid vasculature modeling from patient CT angiography studies for interventional procedures simulation.* International Journal of Computer Assisted Radiology and Surgery, 2012.

[F.Tenkorang 2008] F.Tenkorang et J Lowenberg. *On-Farm Profitability of Remote Sensing in Agriculture.* Journal of Terrestrial Observation, vol. 1, pages 50–59, 2008.

[Fu 2010] H. Fu, Z. Chi et D. Feng. *Recognition of attentive objects with a concept association networkfor image annotation.* Pattern Recognition, vol. 43, pages 3539–3547, 2010.

[Fukunaga 1975] K. Fukunaga et L. Hostetler. *The estimation of the gradient of a density function with applications in pattern recognition.* IEEE Transactions on Information Theory, IT-21, pages 32–40, 1975.

[Funt 1991] B. Funt et G. Finlayson. *Color constant color indexing.* IEEE Trans. Pattern Analysis and Machine Intelligence, vol. 17, page 522â529, 1991.

[Fusiello 1999] A. Fusiello, E. Trucco, T. Tommasini et V. Roberto. *Improving feature tracking with robust statistics.* Pattern Analysis and Applications, vol. 2, pages 312–320, 1999.

[Gademer 2010] A. Gademer et al. *Developing a low cost vertical take off and landing unmanned aerial system for centimetric monitoring of biodiversity - The Fontainebleau forest case.* IEEE International Geoscience and Remote Sensing Symposium, pages, pages 600–603, 2010.

[Gamba 2007] P. Gamba, F. DellâAcqua, G. Trianni et M. Stasolla. *GIS and Remote Sensing for Disaster Assessment in Urban Areas.* In Proceedings of the Urban Remote Sensing Joint Event, pages 1–5, 2007.

[Geraud 2003] T. Geraud. *Fast road network extraction in satellite images using mathematical morphology and Markov random fields.* IEEE-EURASIP Workshop on Nonlinear Signal and Image Processing, 2003.

[Gerhardinger 2005] A. Gerhardinger, D. Ehrlich et M. Pesaresi. *Vevicules detection from very high resolution satellite imagery for the development of a societal activity index.* International Archives of Photogrammetry Remote Sensing and Spatial Information Science, vol. 36, pages 83–88, 2005.

[Geusebroek 2000] J. Geusebroek, D. Koelma, A.W.M Smeulders et T. Gevers. *Image retrieval and segmentation based on color invariants.* EEE Conference on Computer Vision and Pattern Recognition, vol. 2, pages 784–785, 2000.

[Gevers 1996] T. Gevers et A. Smeulders. *A comparative study of several color models for color image invariant retrieval.* 1st Int. Workshop on Image Databases and Multimedia Search, Amsterdam, Netherlands, pages 17–26, 1996.

[Gevers 1997a] T. Gevers et A.W.M Smeulders. *Edge steered region segmentation by photometric color invariant.* Scandinavian Conference on Image Analysis, Lappeenranta, Finland, 1997.

[Gevers 1997b] T. Gevers et A.W.M Smeulders. *Object recognition based on photometric color invariants.* 10th Scandinavian conference on image analysis, pages 861–868, 1997.

[Gevers 1998] T. Gevers, A. Smeulders et H. Stokman. *Photometric invariant region detection.* In The Ninth British Machine Vision Conference, Southampton UK, 1998.

[Gevers 1999] T. Gevers et A. Smeulders. *Color-based object recognition.* Pattern Recognition, vol. 32, pages 453–464, 1999.

[Gevers 2000] T. Gevers et A.W.M Smeulders. *PicToSeek : combining color and shape invariant features for image retrieval.* IEEE Transactions on Image Processing, vol. 9, pages 102–119, 2000.

[Gevers 2001] T. Gevers. *Robust Histogram Construction from Color Invariants.* Eighth IEEE International Conference on Computer Vision (ICCV 2001), vol. 1, pages 615–620, 2001.

[Gevers 2002] T. Gevers. *Adaptive image segmentation by combining photometric invariant region and edge information.* IEEE Transactions on Pattern Analysis and Machine Intelligence, vol. 24, pages 848–852, 2002.

[Gevers 2003] T. Gevers et H.M.G Stokman. *Classifying of color edges in video into shadow-geometry, highlight, or material transitions.* EEE Transactions on Multimedia, vol. 5, pages 237–243, 2003.

[Gevers 2004] T. Gevers et H. Stockman. *Robust Histogram Construction from Color Invariants for Object Recognition.* IEEE Transactions on Pattern Analysis and Machine Intelligence, vol. 26, pages 113–118, 2004.

[Golland 1997] P. Golland et A.M Bruckstein. *Motion from color.* Computer Vision and Image Understading, vol. 68, pages 346–362, 1997.

[Gopinath 2011] N. Gopinath. *Graph Based Image Segmentation Method forIdentification of Cancer in Prostate MRI Image.* Journal of Computer Applications, vol. IV, 2011.

[Gouiffès 2005] Michèle Gouiffès. *Apports de la Couleur et des Modèles de Réflexion pour l'Extraction et le Suivi de Primitives.* PhD thesis, Université de Poitiers, 2005.

[Grecu 1999] H. Grecu et P. Lambert. *Représentation floue et graphe dâadjacence pour la simplification dâimages segmentées : Application à lâindexation.* Dans Dix-septième Colloque GRETSI, pages 13–17, 1999.

[Grimaud 1992] M. Grimaud. *A new measure of contrast : the dynamics.* SPIE'92 Image Algebra and. Morphological Image Processing III, vol. 1769, pages 292–305, 1992.

[Gruen 1995] A. Gruen et H. Li. *Road extraction from aerial and satellite images by dynamic programming.* ISPRS Journal of Photogrammetry and Remote Sensing, vol. 50, pages 11–20, 1995.

[Guerfi 2005] S. Guerfi, J. Gambotto et S. Lelandais. *Ligne de Partage des Eaux pour l'extraction de visage dans l'espace de couleurs TLS.* CORESA, 2005.

[Guo 2007] Q. Guo, M. Kelly, P. Gong et D. Liu. *An Objet-Based Classification Approach in Mapping Tree Mortality Using High Spatial Resolution Imagery.* Giscience and remote sensing, vol. 44, pages 24–47, 2007.

[Gusella 2005] L. Gusella, C. Huyck, B. Adams, S. Cho et H. Chung. *Damage Assessment with Very-High Resolution Optical Imagery Following the December 26, 2003 Bam, Iran Earthquake.* 3rd International Workshop on Remote Sensing for Post-Disaster Response, Chiba, Japan, 2005.

[Haitao 2007] L. Haitao, G. Haiyan, H. Yanshun et Y. Jinghui. *Fusion of High-Resolution Aerial Imagery and. LIDAR Data for Object-oriented Urban Land-cover Classification Based on SVM.* ISPRS Workshop on Updating Geo-spatial Databases with Imagery & The 5th ISPRS Workshop on DMGISs, Urumchi, China, 2007.

[Han 2004] J. Han et K.N Ngan. *Automatic segmentation of objects of interest in video : a unified framework.* Proceedings of International Symposium on Intelligent Signal Processing and Communication Systems ISPACS, pages 375–378, 2004.

[Harvey 2010] R.N Harvey, R. Porter et J. Theiler. *Ship Detection in Satellite Imagery Using Rank-Order Grayscale Hit-or-Miss Transforms.* SPIE, vol. 7701, 2010.

[Hazelhoff 2011] L. Hazelhoff et P.H.N With. *Robust Model-Based Detection of Gable Roofs in Very-High-Resolution Aerial Images.* LNCS 6854, page 598â605, 2011.

[He 2008] W. He, M. Jager et O. Hellwich. *Comparison of Three Unsupervised Segmentation Algorithms for SAR Data in Urban Areas.* IEEE International Geoscience and Remote Sensing Symposium (IGARSS), vol. 1, pages I–241–I–244, 2008.

[Healey 1992] G. Healey. *Segmenting images using normalized color.* IEEE Transactions on systems, man and cybernetics, vol. 22, pages 64–73, 1992.

[Hermosilla 2011] T. Hermosilla, A. L Ruiz, A. J Recio et J. Estornell. *Evaluation of Automatic Building Detection Approaches Combining High Resolution Images and LiDAR Data*. Remote Sensing-Open Access Journal, vol. 3, pages 1188–1210, 2011.

[Hodneland 2007] E. Hodneland et al. *Level set methods for watershed image segmentation*. SSVM'07 Proceedings of the 1st international conference on Scale space and variational methods in computer vision, pages 178–190, 2007.

[Hordley 2002] S.D Hordley, G.D Finlayson, G. Schaefer et G.Y Tian. *Illuminant and Device Invariant Colour Using Histogram Equalisation*. Elsevier Science, 2002.

[Hordley 2005] S. Hordley, G. Schaefer et G.Y Tian. *Illuminant and device invariant colour using histogram equalisation*. Pattern Recognition, vol. 28, pages 179–190, 2005.

[Huang 2010] Y. Huang et H. Lu. *Automatic Image Annotation Using Multi-object Identification*. Fourth Pacific-Rim Symposium on Image and Video Technology (PSIVT), pages 386–392, 2010.

[Huttenlocher 1993] D. P. Huttenlocher et W. J. Rucklidge. *Multi-resolution technique for comparing images using the Hausdorff distance*. Proceedings of IEEE Computer Vision and Pattern Recognition (CVPR '93), New York, NY, USA, page 705â706, June 1993.

[Idbraim 2008] Idbraim, Mammass, Aboutajdine et Ducrot. *An automatic system for urban road extraction from satellite and aerial images*. WCCAS Transactions on Signal Processing, vol. 4, pages 563–572, 2008.

[Ikeda 2003] O. Ikeda. *Segmentation of faces in video footage using controlled weights on HSV color*. 13th Scandinavian conference on Image analysis, pages 163–170, 2003.

[Jan 2005] L.L Jan, R. Venugopal et G. Ari. *Image Retrieval and Reversible Illumination Normalization*. SPIE/IS&T, Internet Imaging, pages 99–110, 2005.

[Jayadevappa 2009] D. Jayadevappa, S.S Kumar et D.S. Murthy. *A Hybrid segmentation model based on watershed and gradient vector flow for the detection of Brain tumor*. International journal of Signal processing, Image processing and Pattern Recognition, vol. 2, nÂ°3, pages 29–42, 2009.

[Jia 2010] Y. Jia et W. Qu. *Real-time integrated multi-object detection and tracking in video sequences using detection and mean shift based particle filters*. IEEE 2nd Symposium on Web Society SWS, pages 738–743, 2010.

[Jie 2012] L. Jie, X. Chun-rong et X. Miao. *Medical Image Segmentation of PACS System Image Post-processing*. Future Communication, Computing, Control and Management, vol. 141, pages 495–500, 2012.

[Jin 2008] H. Jin, Y. Feng et B. Li. *Road Network Extraction with New Vectorization and Pruning from High-resolution RS Images*. 23rd International Conference on Image and Vision Computing New Zealand IVCNZ, pages 1–6, 2008.

[Jinghua 2011] L. Jinghua, C. Jie, Z. Juan et Z. Li-hui. *Medical Image Segmentation Using Mean Shift Algorithm and General Edge Detection*. 18th IFAC World Congress, 2011.

[Jordan 1872] C. Jordan. *Nouvelles observations sur les lignes de faîet de thalweg.* Comptes Rendus des Séances de l'Académie des Sciences, vol. 7, pages 1023–1025, 1872.

[Kabak 2010] M.O Kabak et O. Turgut. *Parking Spot Detection from Aerial Images.* Seven(2010) : CS 229 FINAL PROJECT, pages 1–3, 2010.

[Kermad 1998] C. Kermad et K. Chehdi. *Segmentation d'images : mise en oeuvre automatique par coopÃ© ration de mÃ© thodes.* Traitement du Signal, vol. 15, nÂ°4, pages 321–336, 1998.

[Kermad 2002] C.D Kermad et K. Chehdi. *Automatic image segmentation system through iterative edgeâregion cooperation.* Image and Vision Computing, vol. 20, pages 541–555, 2002.

[Keyan 2009] R. Keyan, S. Hanxu, J. Qingxuan et S. Jianbo. *Building recognition from aerial images combining segmentation and shadow.* Intelligent Computing and Intelligent Systems ICIS, pages 578–582, 2009.

[Khoshelham 2005] K. Khoshelham, Z. Li et B. King. *A Split-and-Merge Technique for Automated Reconstruction of Roof Planes.* Photogrammetric Engineering & Remote Sensing, vol. 71, pages 855–862, 2005.

[Kim 1999] T. Kim et J. Muller. *Development of a graph based approach for building detection.* Image Vis. Comput, vol. 17, pages 3–14, 1999.

[Klein 1995] J. C Klein, F. Lemonnier, M. Gauthier et R. Peyrar. *Hardware implementation of the watershed zone algorithm based on a hierarchical queue structure.* IEEE Workshop on Non linear Signal and Image Processing, pages . Neos Marmaras Malkidiki, Grece, pages 859–862, 1995.

[Komati 2011] K.S Komati, E.O.T Salles et M. Sarcinelli-Filho. *KSS : Using Region and Edge Maps to Detect Image Boundaries.* Computing in Science & Engineering, vol. 13, pages 46–52, 2011.

[Kurtz 2008] C. Kurtz. *Analyse multirésolution d'images de télédétection par segmentations et classifications conjointes.* Rapport technique, Université de Strasbourg, 2008.

[Land 1986] E.H Land. *Recent advances in retinex theory.* Vision Res, vol. 26, pages 7–21, 1986.

[Latha 2012] R. Latha et S. Senthilkumar. *Feature Extraction Using Watershed Transformation.* Frontiers in Computer Education Advances in Intelligent and Soft Computing, vol. 133, pages 899–906, 2012.

[Lee 2009] I. Lee, B. Wu et R. Li. *Shoreline extrcation from the integration of lidar point cloud data and aerial orthophotos using mean-shit segmentation.* Annual Conference Baltimore, Maryland, ASPRS, 2009.

[Lee 2012] G. Lee, M. Bajger et M. Caon. *Multi-Organ Segmentation of CT Images using Statistical Region Merging.* the Ninth IASTED International Conference on Biomedical Engineering, pages 199–206, 2012.

[Levine 1985] M. Levine et A. Nazif. *Dynamic measurement of computer generated image segmentations*. IEEE Trans on PAMI, vol. 7, pages 155–164, 1985.

[Lezoray 2005] O. Lezoray, C. Meurie, P. Belhomme et A. Elmoataz. *Hiérarchies de partitions pour la simplification et la segmentation dâimages couleur*. Compression et Représentation des Signaux Audiovisuels, pages p,231–236, 2005.

[Lezoray 2006] O. Lezoray, C. Meurie, P. Belhomme et A. Elmoataz. *Multi-scale image segmentation in a hierarchy of partitions*. Dans European Signal Processing Conference, CD Proceedings, 2006.

[Lezoray 2007] O. Lezoray, A. Elmoataz et S. Bougleux. *Graph regularization for color image processing*. Computer Vision and Image Understanding, vol. 107, pages 38–55, 2007.

[Li 2005] X. Li et G. Hamarmeh. *Modeling prior shape and appearance knowledge in watershed segmentation*. Canadian Conference on Computer Vision, 2005.

[Li 2008a] H.T Li, H.Y Gu, Y. S Han et J.H Yang. *Object-oriented Classification of Polarimetric SAR Imagery based on Statistical Region Merging and Support Vector Machine*. International Workshop on Earth Observation and Remote Sensing Applications, pages 1–6, 2008.

[Li 2008b] H.T Li, H.Y Gu, Y.S Han et J.H Yang. *An efficient multi-scale segmentation for high-resolution remote sensing imagery based on statistical region merging and minimum heterogeneity rule*. International Workshop on Earth Observation and Remote Sensing Applications, 1, pages 1–6, 2008.

[Li 2008c] Z. Li, R. Hayward, J. Zhang et Y. Liu. *Individual Tree Crown Delineation Techniques for Vegetation Management in Power Line Corridor*. Computing : Techniques and Applications. DICTA '08.Digital Image, pages 148–154, 2008.

[Lin 2002] Z. Lin, J. Wang et K. Ma. *Using eigencolor normalization for illumination-invariant color object recognition*. Pattern Recognition, vol. 35, pages 2629–2642, 2002.

[Linde 1980] Y. Linde, A. Buzo et RM. Gray. *An algorithm for vector quantizer design*. IEEE Trans. Commun, vol. COM-28, pages 84–95, 1980.

[Liu 1994] J. Liu et Y. Yang. *Multiresolution color image segmentation*. IEEE Transactions on Pattern Analysis and Machine Intelligence, vol. 16, pages 689–700, 1994.

[Liu 2004] H. Liu et K. C. Jezek. *Automated extraction of coastline from satellite imagery by integrating Canny edge detection and locally adaptive thresholding methods*. International Journal of Remote Sensing, vol. 25, pages 937–958, 2004.

[Liu 2009] J. Liu, R. Li, S. Deshpande, X. Niu et T. Shih. *Estimation of Blufflines Using Topographic Lidar Data and Orthoimages*. Photogrammetric Engineering & Remote Sensing, 2009.

[Liu 2012] Y. Liu et Y. Yu. *Interactive Image Segmentation Based on Level Sets of Probabilities*. IEEE Transactions on Visualization and Computer Graphics, vol. 18, pages 202–213, 2012.

[Lu 2004] D. Lu, P. Mausel, E. Brondizio et E. Moran. *Change detection techniquesâ.* International Journal of Remote Sensing. vol. 25, pages 2365–2407, 2004.

[Lucchese 2001] L. Lucchese et S. Mitra. *Color Image Segmentation : A State-of-the-Art Survey.* of the Indian National Science Academy (INSA-A), vol. 67, pages 207–221, 2001.

[Maitre 2003] H. Maitre. *Le traitement des images.* Hermes Science Publications 43, 47, 49, 108, 112, 248, 2003.

[Maloigne 2005] C. Maloigne, M. Larabi, B. Bringier et N. Richard. *Spatial-temporal characteristics of the visual brain and their effects on colour quality evaluation.* AIC International Conference, Granada, Spain, 2005.

[Mangala 2010] T.R Mangala. *An Effective ANN-Based Classification System for Rural Road Extraction in Satellite Imagery.* European Journal of Scientific Research, vol. 47, pages 574–585, 2010.

[Matheron 1975] G. Matheron. *Random Sets and integral geometry.* John Wiley & Sons Inc, page 261, 1975.

[Mathieu 2007] R. Mathieu, C. Freeman et J. Aryal. *Mapping private gardens in urbain areas using object-oriented techniques and very high-résolution satellite imagery.* Lanfscape and Urban Planning, vol. 81, pages 179–192, 2007.

[Maxwell 1870] J. Maxwell. *On hills and dales.* Philosophical Magazine, vol. 4, pages 421–427, 1870.

[McGuinness 2007] K. McGuinness, G. Keenan, T. Adamek et N.E Connor. *Image Segmentation Evaluation Using an Integrated Framework.* 4th International Conference on Visual Information Engineering, 2007.

[Meyer 1990] F. Meyer et S. Beucher. *Morphological segmentation.* Visual Communication and Image Representation, vol. 1, pages 21–46, 1990.

[Meyer 1991] F. Meyer. *Un algorithme optimal de ligne de partage des eaux.* Dans Actes du 8ème Congrés AFCET, Lyon-Villeurbanne, France, pages 847–859, 1991.

[Meyer 2012] F. Meyer. *The watershed concept and its use in segmentation : a brief history.* Centre de Morphologie Mathématique Département Maths et Systèmes Mines-ParisTech, 2012.

[M.Gouiffès 2007] M.Gouiffès. *Suivi dans des séquences d'images par coopération luminance/couleur.* In Colloque GRETSI, 2007.

[Mitomi 2002] H. Mitomi, M. Matsuoka, F. Yamazaki, H. Taniguchi et Y. Ogawa. *Determination of the areas with building damage due to the 1995 Kobe earthquake using Airborne MSS images.* IEEE Proceedings of International Geoscience and Remote Sensing Symposium, vol. 5, pages 2871–2873, 2002.

[Miura 2006] H. Miura, F. Yamazaki et M. Matsuoka. *Building damage mapping of the 2006 Central Java, Indonesia earthquake using high-resolution satellite images.* 4th International Workshop on Remote Sensing for Disaster Response, Cambridge, UK, 2006.

[Monga 1987] O. Monga et B. Wrobel. *Segmentation d'images : vers une méthodologie.* Traitement du signal, vol. 4, pages 69–193, 1987.

[Mueller 2004] M. Mueller, K. Segl et H. Kaufmann. *Edge- and region-based segmentation technique for the extraction of large, man-made objects in high-resolution satellite imagery.* Pattern Recognition, vol. 37, pages 1619–1628, 2004.

[Muller 2005] S. Muller et D. Zaum. *Robust Building Detection in Aerial Images.* International Archives of Photogrammetry, Remote Sensing and Spatial Information Sciences, Vienna, Austria, 2005.

[Mullera 2004] S. Mullera, G.L.A Motab et C.E Liedtkea. *Multitemporal Interpretation of remote sensing data.* XXth ISPRS Congress, 2004.

[Muñoz 2002] X. Muñoz, J. Freixenet, D. Raba, X. Cufi et J. Marti. *Region-Boundary Cooperative Image Segmentation Based on Active Regions.* 5th Catalonian Conference on AI : Topics in Artificial Intelligence, pages 364–374, 2002.

[Muñoz 2003] X. Muñoz, J. Freixenet, X. Cufi et J. Marti. *Strategies for image segmentation combining region and boundary information.* Pattern Recognition Letters, vol. 24, pages 375–392, 2003.

[Najman 1996] L. Najman et M. Schmitt. *geodesic saliency of watershed contours and hierarchical segmentation.* IEEE Transactions on Pattern Analysis and Machine Intelligence, vol. 18, pages 1163–1173, 1996.

[Nazif 1984] A.M Nazif et M.D Levine. *An Optimal Set of Image Segmentation Rules.* Pattern Recognition Letters, vol. 2, pages 243–248, 1984.

[Nock 2004] R. Nock et F. Nielsen. *Statistical Region Merging.* IEEE Trans. Pattern Anal. Machine Intelligence, vol. 26, pages 1452–1458, 2004.

[Nosrati 2010] M.S Nosrati et P. Saeedi. *Rooftop Detection using a Corner-Leaping based Contour Propagation Model.* International Conference on Image Processing Theory, Tools and Applications, 2010.

[Nougeras 2005] J. Nougeras, P.R Medramo et F.F Soria. *Geographic information metadata for spatiale data infrastrctures : resources, interoperability, and information retrieval.* Springer (Eds) Berlin, New York,, 2005.

[Noyel 2007] G. Noyel, J. Angulo et D. Jeulin. *Morphological segmentation of hyperspectral images.* Image Anal. Stereol, vol. 26, pages 101–109, 2007.

[Pantic 2002] M. Pantic, I. Patras et L. Rothkruntz. *Facial action recognition in face profile image sequences.* IEEE International Conference on Multimedia and Expo ICME â02, vol. 1, pages 37–40, 2002.

[Pavlidis 1990] T. Pavlidis et Y.T Liow. *Integrating Region Growing and Edge Detection.* IEEE Transactions on Pattern Analysis and Machine Intelligence, vol. 2, pages 225–233, 1990.

[Peng 2010] L. Peng, Z. Jian, P. Li et L. Yong. *Automatic road extraction with Bhattacharyya coefficient.* Computer Engineering and Applications, vol. 46, pages 197–198, 2010.

[Perez 2001] D. Perez, C. Gu et M.T Sun. *Semantic video object extraction using fourband watershed and partition lattice operators.* Dans IEEE Transactions on Circuits and Systems for Video Technology, vol. 11, pages 603–618, 2001.

[Persson 2005] M. Persson, M. Sandvall et T. Duckett. *Automatic Building Detection from Aerial Images for Mobile Robot Mapping.* IEEE International Symposium on In Computational Intelligence in Robotics and Automation, Espoo, Finland, vol. 273-278, 2005.

[Persson 2008] M. Persson, T. Duckett et A.J Lilienthal. *Fusion of Aerial Images and Sensor Data from a Ground Vehicle for Improved Semantic Mapping.* Robotics and autonomous systems, vol. 56, pages 483–492, 2008.

[Peteri 2003] R. Peteri et R. Thierry. *Extraction de réseaux de rues à partir d'images satellites à haute résolution spatiale.* Gretsi, 2003.

[Pietikainen 1986] M. Pietikainen et D. Harwood. *Segmentation of color images using edge-preserving filters.* In V. Cappellini and R. Marconi, editors, Advances in Image Processing and Pattern Recognition, North- Holland, pages 94–99, 1986.

[Proia 2009] N. Proia et V. Pagé. *Caractérisation d'une méthode Bayésienne de détection de bateaux dans des images satellites optiques.* Congrès des jeunes chercheurs en vision par ordinateur, ORASIS'09, 2009.

[Puissant 2012] A. Puissant, S. Lefèvre, S. Rougier et J. Malet. *Automated mapping of coastline from high resolution satellite images using supervised segmentation.* the 4th GEOBIA, pages 515–517, 2012.

[Quang 2012] T. Quang, B. Pham, T. Tran, B. Thao, T. Tuan et N. Nhut. *Video Retrieval using Histogram and Sift Combined with Graph-based Image Segmentation.* Journal of Computer Science, vol. 853-858, page 8, 2012.

[Radke 2005] R. Radke, S. Andra, O. Al-Kofahi et B. Roysam. *Image change detection algorithms : a systematic survey.* IEEE Transactions on Image Processing, vol. 14, pages 294–307, 2005.

[Rajeswari 2011] M. Rajeswari, K.S Gurumurthy, L.P Reddy, S.N Omkar et J. Senthilnath. *Automatic Road Extraction based on Normalized Cuts and Level Set Methods.* Int J Comput App, vol. 18, pages 10–16, 2011.

[Rehrmann 1998] V. Rehrmann et L. Priese. *Fast and Robust Segmentation of Natural Color Scenes.* 3rd Asian Conference on Computer Vision (ACCV'98). Springer Verlag, vol. 1351, pages 598–606, 1998.

[Robertson 2009] N.M Robertson et T. Chan. *Aerial image segmentation for flood risk analysis.* 16th IEEE International Conference on Image Processing (ICIP), pages 597–600, 2009.

[Robin 1995] M. Robin. *La télédétection. Des satellites aux systèmes dâinformation géographiques.* Université Nathan, 18, 29, 30, 42, 1995.

[Rodriguez 2006] J. R Rodriguez, D. Miranda et C. J Alvarez. *Application of satillite images to locate and inventory vineyards in the designation of origin "Bierzo" in Spain.* America Society of Agricultural and Biological Engineers, vol. 49, pages 277–290, 2006.

[Roerdink 2001] J. B. T. M. Roerdink et A. Meijster. *The watershed transform : Definitions, algorithms and parallelization strategies.* Fundamenta Informaticae, vol. 41, page 187à228, 2001.

[Rosenfeld 1966] J. Rosenfeld et A. Pfaltz. *Sequential operations in digital picture processing.* Journal of ACM, vol. 13, pages 471–494, 1966.

[Ruskone 1996] R. Ruskone. *Extraction automatique du réseau routier par interprétation locale du contexte : application à la production de données cartographiques.* PhD thesis, Université de Marne-la-Vallée, 1996.

[Saeedi 2008] P. Saeedi et H. Zwick. *Automatic Building Detection in Aerial and Satellite Images.* 10th International Conference on Control, Automation, Robotics and Vision (ICARCV), pages 623–629, 2008.

[Salotti 1994] J.M Salotti. *Gestion des informations dans les premières étapes de la vision par ordinateur. Thèse de doctorat.* PhD thesis, Institut national polytechnique de Grenoble, Grenoble, 204 p, 1994.

[San 2007] D.K San et M. Turker. *Automatic building extraction from high resolution stereo satellite images.* Commission VII ISPRS, 2007.

[Sande 2011] V. Sande, J. Uijlings, T. Gevers et A. Smeulders. *Segmentation as Selective Search for Object Recognition.* IEEE International Conference on Computer Vision, pages 1879–1886, 2011.

[Sapiro 1996a] G. Sapiro. *Vector Self Snakes : A Geometric Framework for Color, Texture and Multiscale Image Segmentation.* International Conference on Image Processing, vol. 1, pages 817–820, 1996.

[Sapiro 1996b] G. Sapiro et D.L Ringach. *Anisotropic diffusion of multi-valued images with applications to color filtering.* IEEE Trans. Pattern Anal. Machine Intell, vol. 5, pages 1582–1586, 1996.

[Schaefer 2004] G. Schaefer. *How useful are colour invariants for image retrieval.* Computational Imaging and Vision, Kluwer Academic Publishers, Vol.xx (Proc. Int. Conference on Computer Vision and Graphics). Warsaw, Poland, 2004.

[Schettini 1993] R. Schettini. *A segmentation algorithm for color images.* Pattern Recognition Letters, vol. 14, pages 499–506, 1993.

[Schindler 2008] K. Schindler et D. Suter. *Object Detection by Global Contour Shape.* Pattern Recognition, vol. 41, pages 3736–3748, 2008.

[Sebari 2007] I. Sebari et D.C HE. *Les approches de segmentation d'image par coopération régions-contours.* Revue Télédétection, vol. 7, pages 499–506, 2007.

[Sebari 2009] I. Sebari et D. He. *Approach to nonparametric cooperative multiband segmentation with adaptive threshold.* Optical Society of America, Applied Optics, vol. 48, pages 3967–3978, 2009.

[Serra 1982] J. Serra. *Image analysis and mathematical morphology.* Academic Press, London, 628p, 1982.

[Shen 1993] J. Shen et S. Castan. *Towards unification of band-limited differential opertors for edge detection*. Signal Processing, vol. 31, pages 103–119, 1993.

[Shi 2011] F. Shi, Y. Xi, X Li et Y. Duan. *An Automation System of Rooftop Detection and 3D Building Modeling from Aerial Images*. J Intell Robot Syst, vol. 62, pages 383–396, 2011.

[Sirmacek 2008] B. Sirmacek et C. Unsalan. *Building Detection from Aerial Images Using Invariant Color Features and Shadow Information*. 23rd International Symposium on Computer and Information Sciences, Istanbul, Turkey, 2008.

[Smet 1999] P. De Smet, R. Pires, D. Vleeschauwer et I. Bruyland. *Implementation and analysis of an optimized rainfalling watershed algorithm*. Journal of Electronic Imaging, vol. 8, pages 270–278, 1999.

[Somers 2009] B. Somers, S. Delalieux, W. Verstraeten, J. Verbesselt, S. Lhermitte et P. Coppin. *Magnitude- and Shape-Related Feature Integration in Hyperspectral Mixture Analysis to Monitor Weeds in Citrus Orchards*. IEEE Transactions on Geoscience and Remote Sensing, vol. 47, pages 3630–3642, 2009.

[Song 2008] Y. Song et J. Shan. *Building extraction from high resolution color imagery based on edge flow driven active contour and JSEG*. IAPRSIS XXXVII (B3A), pages 185–190, 2008.

[Stassopoulou 2000] A. Stassopoulou, T. Caelliac et R. Ramireza. *Automatic extraction of building statistics from digital orthophotos*. International Journal of Geographical Information Science, vol. 14, pages 795–814, 2000.

[Stoica 2000] R. Stoica, X. Descombes et J. Zérubia. *A markov point process for road extraction in remote sensed image*. Technical Report 3923, Rapport de recherche de l'INRIA, 2000.

[Sturm 2002] P. Sturm et L. Priese. *Properties of a Three-Dimensional Island Hierarchy for Segmentation of 3D Images with the Color Structure Code*. 24th DAGM Symposium on Pattern Recognition, pages 274–281, 2002.

[Sturm 2003] P. Sturm et L. Priese. *3D-Color-Structure-Code â A Hierarchical Region Growing Method for Segmentation of 3D-Images*. SCIA'03 Proceedings of the 13th Scandinavian conference on Image analysis, pages 603–608, 2003.

[Sturm 2004] P. Sturm et L. Priese. *3D-Color-Structure-Code - A New Non-plainness Island Hierarchy*. ICCSA, pages 109–116, 2004.

[Sturm 2006] P. Sturm, L. Priese et H. Wang. *A CSC Based Classification Method For CT Bone Images*. Third International Symposium on 3D Data Processing, Visualization, and Transmission, pages 1080–1084, 2006.

[Sumer 2004] E. Sumer et M. Turker. *Building Damage Detection from Post-earthquake Aerial Images Using Watershed Segmentation In Golcuk, Turkey*. International Society for Photogrammetry and Remote Sensing ISPRS, pages 642–647, 2004.

[Suying 2010] L. Suying, H. Qinghua, J. Lianwen, L. Minhua et W. Tianfu. *A graph-based segmentation method for breast tumors in ultrasound images*. IEEE 4nd International Conference on Bioinformatics and Biomedical Engineering, 2010.

[Tarantino 2011] E. Tarantino et B. Figorito. *Extracting Buildings from True Color Stereo Aerial Images Using a Decision Making Strategy.* Remote Sensing, vol. 3, pages 1553–1567, 2011.

[Tello 2004] M. Tello, C. Lopez-Martinez, J. Mallorqui et H. Greidanus. *A novel algorithm for ship detection in Envisat SAR imagery based on the wavelet transform.* Envisat & ERS Symposium, L. Ouwehand (Ed.), Salzburg, Austria (The Netherlands : European Space Agency), 2004.

[Thorp 2004] K. R Thorp et L. F Tian. *A Review on Remote Sensing of Weeds in Agriculture.* Precision Agriculture, vol. 5, pages 477–508, 2004.

[Tian 2010] M. Tian et T.T Vu. *Feature extraction from WorldView-2 8-band images to support disaster management.* The DigitalGlobe 8âBand Research Challenge, 2010.

[Tonye 2000] E. Tonye, A. Akono, A. Nyoungui, C. Nlend et J. Rudant. *Cartographie de la ligne de rivage par analyse texturale d'images radar Ã synthÃ¨se d'ouverture de ERS-1 et de E-SAR.* TÃ© lÃ© dÃ© tection, vol. 1, pages 182–204, 2000.

[Topouzelis 2008] K.N Topouzelis. *Oil Spill Detection by SAR Images : Dark Formation Detection, Feature Extraction and Classification Algorithms.* Sensors, vol. 8, pages 6642–6659, 2008.

[Toumazet 1990] J.J Toumazet. *Traitement de l'image par l'exemple,* Sybex, Paris, 260p, 1990.

[Ushizima 2011] D. Ushizima, D. Parkinson, P. Nico, J. Ajo-Franklin, A. MacDowell, B. Kocar, W. Bethel et J. Sethian. *Statistical segmentation and porosity quantification of 3D X-ray micro-tomography.* SPIE Optics and Photonics : Applications of Digital Image Processing, vol. 8135, pages 1–14, 2011.

[Vanhamel 2003] I. Vanhamel, I. Pratikakis et H. Sahli. *Multiscale gradient watersheds of color images.* IEEE Transactions on Image Processing, vol. 12, pages 617–626, 2003.

[Vaughn 2012] R.N Vaughn, L.M Moskal et E.C Turnblom. *Tree Species Detection Accuracies Using Discrete Point Lidar and Airborne Waveform Lidar.* Remote Sensing, vol. 4, pages 377–403, 2012.

[Vincent 1991] L. Vincent et P. Soille. *Watersheds in digital spaces. An efficient algorithm based on immersion simulations.* IEEE Trans. Pattern Analysis and Machine Intelligence, vol. 13, pages 583–598, 1991.

[Vincent 1993] L. Vincent. *Morphological grayscale reconstruction in image analysis : applications and efficient algorithms.* IEEE Trans Image Process, vol. 2, pages 176–201, 1993.

[Vinet 1991] L. Vinet. *Segmentation et mise en correspondance de régions de paires d'images stérioscopiques.* PhD thesis, Université de Paris IX Dauphine, 1991.

[Volodymyr 2010] M. Volodymyr et E.H Geoffrey. *Learning to Detect Roads in High-Resolution Aerial Images.* 11th European conference on Computer vision (ECCV'10), pages 210–223, 2010.

[Wang 2004] L. Wang, P. Gong et G.S Biging. *Individual tree-crown delineation and treetop detection high-spatial-resolution aerial imagery*. Photogrammetric Engineering & Remote Sensing, vol. 70, pages 351–357, 2004.

[Wang 2006] Z. Wang et R. Boesch. *Automatic forest boundary delineation in aerial images*. IEEE International Conference on Geoscience and Remote Sensing Symposium IGARSS, pages 2605–2608, 2006.

[Wang 2007a] Z. Wang, R. Boesch et C. Ginzler. *Color and LIDAR data fusion : application to automatic forest boundary delineation in aerial images*. International Archives of Photogrammetry Remote Sensing and Spatial Information Science [CD] 36, 1/W51, 4 pp, 2007.

[Wang 2007b] Z.Y Wang, R. Boesch et C. Ginzler. *Arial images and LiDAR fusion applied in forest boundary detection*. 7th WSEAS international conference on signal, speech and image processing. Beijing, China, pages 130–135, 2007.

[Wang 2008] C. Wang, M. Liao et X. Li. *Ship Detection in SAR Image Based on the Alphastable Distribution*. sensors, vol. 8, pages 4948–4960, 2008.

[Wang 2010a] L. Wang. *A multi-scale approach for delineating individual tree-Crowns with very-high resolution imagery*. Photogrammetric Engineering and Remote Sensing, vol. 76, pages 371–378, 2010.

[Wang 2010b] X. Wang et J. Wu. *Remote Sensing Image Segmentation Based on Statistical Region Merging and Nonlinear Diffusion*. 2nd International Asia Conference on Informatics in Control, Automation and Robotics, pages 32–35, 2010.

[Wei 2010] W. Wei et Y. Xin. *Rapid, man-made object morphological segmentation for aerial images using a multi-scaled, geometric image analysis*. Image and Vision Computing, vol. 28, pages 626–633, 2010.

[Wieland 2012] M. Wieland, M. Pittore, S. Parolai et J. Zschau. *Exposure Estimation from Multi-Resolution Optical Satellite Imagery for Seismic Risk Assessment*. OPEN ACCESS : ISPRS International Journal of Geo-Information, vol. 1, pages 69–88, 2012.

[Xiang 2007] Y. Xiang, S. Xie, J. Tian an et W. Yu. *Semantic video object segmentation using morphology watershed algorithm*. IET Conference on Wireless, Mobile and Sensor Networks CCWMSN07, pages 213–216, 2007.

[Xinjian 2004] S. Xinjian, L. Jiahang et Y. Jingyuan. *Extracting damaged building information from single remote sensing images of post-earthquake*. IEEE Proceedings of International Geoscience and Remote Sensing Symposium, vol. 7, pages 4496–4497, 2004.

[Yan 2006] J. Yan, B. Zhao, L. Wang, A. Zelenetz et LH. Schwartz. *Marker-controlled watershed for lymphoma segmentation in sequential CT images*. Medical Physics, vol. 33, pages 2452–2460, 2006.

[Yazid 2008] H. Yazid et H. Arof. *Image Segmentation using Watershed Transformation for Facial Expression Recognition*. 4th Kuala Lumpur International Conference on Biomedical Engineering, vol. 21, pages 575–578, 2008.

[Zammit 2008] O. Zammit, X. Descombes et J. Zerubia. *Unsupervised One-Class SVM Using a Watershed Algorithm and Hysteresis Thresholding to Detect Burnt Areas*. International Conference on Pattern Recognition and Image Analysis, Nizhny Novgorod, Russia, 2008.

[Zhang 1984] T.Y Zhang et C.Y Suen. *A fast parallel algorithm for thinning digital patterns*. Commun. ACM, vol. 27, pages 236–239, 1984.

[Zhang 1996] Y. Zhang. *A survey on evaluation methods for image segmentation*. Pattern Recognition, vol. 29, pages 1335–1346, 1996.

[Zhang 2004] H. Zhang, J. Fritts et S. Goldman. *An entropy-based objective evaluation method for image segmentation*. SPIE. Storage and Retrieval Methods and Applications for Multimedia, 2004.

[Zhang 2006] Y. J Zhang. An overview of image and video segmentation in the last 40 years. 1-16. in Y.J. Zhang (réd.) Advances in Image and Video Segmentation. IRM Press, Hershey (Penn.), 457 p, 2006.

[Zhang 2008] H. Zhang, J. Fritts et S. Goldman. *Image segmentation evaluation : A survey of unsupervised methods*. Computer Vision and Image Understanding, vol. 10, pages 260–280, 2008.

[Zhou 2011] H. Zhou, G. Schaefer, M. Celebi, F. Lin et T. Liu. *Gradient vector flow with mean shift for skin lesion segmentation*. Computerized Medical Imaging and Graphics, vol. 35, pages 121–127, 2011.

[Zugaj 1998] D. Zugaj et V. Lattuati. *A new approach of color images segmentation based on fusing region and edge segmentations outputs*. Pattern Recognition, vol. 31, pages 105–113, 1998.

TABLE DES FIGURES

1.1 Synopsis général de l'approche de segmentation d'orthophotoplan proposée. 14
2.1 Principe de base de la télédétection. [Kurtz 2008] 18
2.2 Les sept étapes du processus de télédétection selon [Bul 2008] : **(A)** source d'énergie ; **(B)** atmosphère ; **(C)** cible ; **(D)** capteur ; **(E)** transmission, réception et traitement ; **(F)** interprétation et analyse ; **(G)** Application. 19
2.3 Les premières photos aériennes. [Source : http ://www.r-s-c-c.org] 22
2.4 Exemple d'un orthophotoplan, avec empreintes au sol, traité dans cette thèse. 25
3.1 Algorithme CSC : Structure hiérarchique hexagonale. [Baillie 2003] 43
3.2 Algorithme CSC : Phase d'initialisation. [Baillie 2003] 43
3.3 Synopsis récapitulatif du processus de segmentation Jseg. 45
3.4 LPE-Les différentes étapes d'inondation d'un relief. Les minimas locaux du relief (points rouges) représentent les sources d'inondation. La ligne grise est la hauteur d'inondation, et les lignes verticales rouges, représentent les barrages entre les différentes sources. 48
4.1 Orthophotoplan avec application de différents invariants colorimétriques. . 61
4.2 Masques de convolutions des opérateurs de (a) Roberts, (b) Prewitt et (c) Sobel. 64
4.3 Illustration de différents gradients niveaux de gris. 67
4.4 Illustration de différents gradients couleur. 74
4.5 Synopsis de notre stratégie de sélection du meilleur couple invariant/gradient. 76
4.6 Exemple de réduction de germes (a) l'image initiale ; les images segmentées avec (b) tous les minima locaux (168 régions) ; (c) $\alpha=1$, $\beta=5$ (40 régions) ; (d) $\alpha=10$, $\beta=15$ (14 régions) ; (e) $\alpha=10$, $\beta=80$ (sous-segmentation avec 6 régions seulement). 78
4.7 Exemple de toiture et sa vérité terrain correspondante. (de gauche à droite : toiture avec l'empreinte au sol, toiture à segmenter et la vérité terrain correspondante). 79
4.8 Exemples de toitures de la base de test. 80

4.9 Les segmentations de référence (vérités terrain) correspondantes aux images présentées sur la figure 4.8. 80

4.10 Résultats de segmentation obtenus à partir de couples composante couleur (d'un invariant colorimétrique)/gradient niveaux de gris. (de haut en bas : les résultats de segmentation sur la composante X (haut), Y (milieu), et Z (bas) de l'espace considéré). 83

4.11 Exemples de segmentations obtenues avec le gradient de Prewitt, sans/avec l'utilisation de l'invariant HSL. De haut en bas : l'image initiale, les images segmentées avec les composantes HSL-Z, RGB-X, RGB-Y, et RGB-Z. 85

4.12 Résultats de segmentation obtenus avec l'utilisation de couples invariant colorimétrique/gradient couleur. 86

4.13 Exemples de segmentations obtenues sans/avec le meilleur couple invariant/gradient. De haut en bas : l'image initiale, l'image segmentée sans invariant et l'image segmentée avec le couple Greyworld/Di-zenzo. 87

5.1 Synopsis de l'approche de segmentation par LPE-régions suivie d'une fusion de régions. 90

5.2 Schéma récapitulatif de l'algorithme de fusion de régions (cf. bloc en gris illustré sur la figure 5.1). 91

5.3 Extraction des frontières de l'image de régions. (a) l'image originale, (b) la vérité terrain correspondante et (c) l'image de frontières obtenue. 92

5.4 Algorithme de squelettisation [Tonye 2000]. 92

5.5 Influence du processus de squelettisation. (a) les frontières extraites sans squelettisation et (b) le modèle 2D correspondant (toit caractérisé par 329 segments), (c) les frontières obtenues avec squelettisation et (d) le modèle 2D correspondant (toit caractérisé par seulement 83 segments). 93

5.6 Principe de la création des segments : Illustration de quelque cas possibles. (a) et (d) choix arbitraire d'un point de départ, (b) choix du meilleur point suivant, (c) et (e) le point à ajouter coïncide avec un point déjà référencé : le sens du parcours est alors inversé. 94

5.7 Exemple de subdivision d'un segment ne représentant pas fidèlement la forme finale des arêtes de toit. 96

5.8 Les différentes étapes du processus d'ajout de point de tolérance et un exemple (image d) où l'ajout de point de tolérance n'est pas autorisé. . . . 97

5.9 Amélioration du modèle 2D de la toiture par l'ajout de points de tolérance. (a) image initiale, (b) image de frontières, (c) modèle 2D obtenu sans subdivision de segments, (d) modèle 2D obtenu sans ajout de points de tolérance, (e) modèle 2D obtenu avec ajout de points de tolérance. 97

5.10 Exemple de situation nécessitant de joindre les points de tolérances en un seul point. 99

5.11 Regroupement des points de tolérance et calcul de la position du point de jonction. 100

5.12 Modèles obtenus sans et avec l'étape de jointure de points de jonction. (a) imagette de toiture à caractériser, (b) vérité terrain correspondante, (c) image de frontières, (d) modèle obtenu sans l'étape de jointure de points de jonction et (e) modèle obtenu avec cette étape de jointure. 101

5.13 Exemples de caractérisation des arêtes des toitures. De haut en bas : l'image initiale, l'image segmentée par LPE-régions et le modèle 2D correspondant (avec prise en compte de toutes les étapes d'amélioration). . . . 102

5.14 Exemple de RAG d'une image segmentée. (a) imagette de toiture, (b) image présegmentée par LPE et (c) graphe d'adjacence de régions correspondant. 104

5.15 Illustration de la stratégie de fusion de régions. ((a) image initiale, (b) image pré-segmentée par LPE, (c) extraction des frontières, (d) modèle 2D caractérisant la toiture, (e) RAG de l'image pré-segmentée, (f) segmentation finale. 107

5.16 Influence du paramètre ϵ dans la segmentation par LPE-contours. De haut en bas : l'image en sortie de la LPE-contours associée à une valeur de ϵ donnée et l'image de régions correspondante. 110

5.17 Résultats de segmentation obtenus avec la LPE-régions seule (en rouge) et avec l'ajout de la stratégie de fusion de régions (en vert). . . . 111

5.18 Résultats de segmentation obtenus avec la stratégie de fusion de régions proposée. De haut en bas, les images initiales, les images obtenues par la LPE-régions seule et les segmentations obtenues après application de la stratégie de fusion de régions. 111

5.19 Résultats de segmentation mettant en évidence la non-détection de certains pans de toitures. 112

5.20 Résultats de segmentation obtenus avec la LPE-régions seule (en rouge) et la LPE-contours (en vert). 113

5.21 Résultats de segmentation obtenus avec la LPE-régions seule, LPE-régions avec l'ajout de l'étape de fusion de régions et la LPE-contours. De haut en bas : l'image initiale, l'image segmentée par LPE-régions seule, l'image produite par la LPE-régions suivie de la procédure de fusion de régions, l'image segmentée par LPE-contours seule et l'image de régions correspondante. 114

6.1 Principe de la coopération séquentielle [Sebari 2007]. 116

6.2 Principe de la coopération des résultats [Sebari 2007]. 117

6.3 Principe de la coopération mutuelle [Sebari 2007]. 118

6.4 Principe de la coopération hybride. 119

6.5 Synopsis de coopération hybride LPE-régions et LPE-contours proposée. . 122

6.6 Etapes clés du processus de coopération. (a) la toiture à segmenter, (b) image segmentée par LPE-régions seule, (c) image obtenue après fusion de régions (l'image étiquetée A sur la figure 6.5), (d) image segmentée par LPE-contours (l'image étiquetée B), (e) l'image étiquetée C, (f) l'image étiquetée D et (g) segmentation finale. 123

6.7 Résultats de segmentation basés sur la procédure de coopération proposée. De gauche à droite, les images initiales, les images obtenues par la LPE-régions, après l'étape de fusion de régions, par la LPE-contours et par la procédure de coopération proposée. 124

6.8 Résultats de l'évaluation des images segmentées par la LPE-régions (en rouge), la LPE-contours (en vert) et la stratégie de coopération (en bleu). . 125

6.9 Illustration des images pour lesquelles la segmentation produite par notre approche est moins satisfaisante que celle réalisée avec la LPE-contours (les images des trois premières colonnes) ou la LPE-régions (l'image de la dernière colonne). 126

6.10 Performances des méthodes de segmentation de la littérature et de notre approche. 127

6.11 Résultats de segmentation obtenus avec SRM pour différentes valeurs de Q. 128

6.12 Résultats de segmentation obtenus avec MeanShfit pour différentes valeurs de hs et hr. 128

6.13 Résultats de segmentation obtenus avec EGBIS pour différentes valeurs de σ et k. 129

6.14 Résultats de segmentation obtenus avec Jseg pour différentes valeurs de m et q. 129

6.15 Résultats de segmentation obtenus avec CSC pour différentes valeurs de t. 130

6.16 Résultats de segmentations obtenus avec les méthodes de segmentation de la littérature et notre méthode. 132

6.17 Illustration de la mauvaise détection des arêtes par l'algorithme SRM. . . . 133

6.18 Illustration de la mauvaise qualité des arêtes détectées par les algorithmes de segmentation testés (CSC, EGBIS, MeanShfit et Jseg). 134

LISTE DES TABLES

4.1 Les valeurs moyennes de Vinet en fonction des couples composante couleur (d'invariant colorimétrique)/gradient niveaux de gris. 84

4.2 Les valeurs moyennes de Vinet en fonction des couples invariant colorimétrique/gradient couleur. 86

6.1 Performance (évaluée avec le critère de Vinet) des différentes méthodes de segmentation de la littérature et de la méthode proposée, en fonction de différents paramètres. 131

Résumé :

D'un point de vue général, les travaux de recherche de cette thèse s'inscrivent dans le cadre d'une approche globale qui consiste à extraire des informations relatives aux toitures de bâtiments à partir de photos aériennes (orthophotoplans). L'objectif étant de pouvoir reconnaître des toitures extraites d'images aériennes en utilisant une base de connaissances, puis affiner/déformer des modèles 3D générés automatiquement à partir de données géographiques. Pour cela, une première étape consiste tout d'abord à partitionner l'image aérienne en différentes régions d'intérêt (pans de toiture, cheminées, chiens assis, fenêtres, etc.), c'est la contribution de cette thèse.

La méthodologie permettant d'atteindre cet objectif est composée de trois étapes : (i) Une étape de simplification qui consiste à simplifier l'image initiale avec un couple invariant/gradient approprié et optimisé pour l'application. Pour cela, une série de tests permettant de choisir, d'une part, l'invariant colorimétrique le plus approprié parmi 24 invariants et, d'autre part, le meilleur gradient parmi 14 gradients issus de la littérature est réalisée. (ii) La deuxième étape comporte deux stratégies de segmentation par LPE. L'image simplifiée est segmentée d'une part par une LPE-régions couplée à une stratégie de fusion de régions, et d'autre part, par une LPE-contours. Le processus de fusion de régions intègre des critères de fusion fondés sur des grandeurs radiométriques et géométriques adaptés aux particularités des orthophotoplans traités. Une technique de caractérisation 2D des arêtes de toitures par une analyse des segments est proposée afin de calculer l'un des critères de fusion. (iii) La troisième étape consiste à combiner les avantages de chaque méthode dans un même schéma de segmentation coopératif afin d'aboutir à un résultat de segmentation fiable. Les tests ont été effectués sur un orthophotoplan contenant 100 toitures de complexité variée et évaluées avec le critère de VINET utilisant une segmentation de référence afin de prouver la robustesse et la fiabilité de l'approche proposée. Une étape de comparaison permettant de situer les résultats obtenus via notre approche proposée par rapport à ceux obtenus pas les principales méthodes de segmentation de la littérature est finalement effectuée.

Mots-clés : Invariant colorimétrique, coopération régions-contours, orthophotoplans, LPE-régions, LPE-contours, fusion de régions, gradient couleur, caractérisation

Abstract:

The work presented in this thesis is developed in a global approach that consists in recognizing roofs extracted from aerial images using a knowledge database, and bending out 3D models automatically generated from geographical data. The main step presented in this thesis consists in segmenting roof images in different regions of interest in order to provide several measures of roofs (section of roofs, chimneys, roof light, etc).

The method aimed at achieving this goal is composed of three principal steps: (i) A simplification step that consists in simplifying the image with an appropriate (optimized for the application) couple of invariant/gradient. For that, several tests have been performed to choose a suitable colorimetric invariant among a set of 24 invariants and define the best gradient among 14 gradients (eight gray level gradients and six color gradients) of the literature. (ii) The second step is composed of two main treatments: On the one hand, the preliminary orthophotoplan segmentation is produced using the watershed regions applied on the simplified image. An efficient region merging strategy is then applied in order to deal with the over-segmentation problem. The regions merging procedure includes a merging criteria adapted to the orthophotoplan particularities. In order to calculate one of the merging criteria, a 2D modeling of roof ridges strategy is proposed. On the other hand, the simplified image is segmented by the watershed lines. (iii) The third step consists in integrating both segmentation strategies by watershed algorithm into a single cooperative segmentation scheme to achieve satisfactory segmentation results. Tests have been performed on an orthophotoplan containing 100 roofs with varying complexity and evaluated with VINET criteria using a ground truth image segmentation. Comparison results with five popular segmentation techniques of the literature demonstrates the effectiveness and the reliability of the proposed approach.

Keywords: Colorimetric invariant, cooperation regions-edges, orthophotoplans, watershed-regions, watershed-lines, region merging, color gradient, modeling

■ École doctorale SPIM - Université de Technologie Belfort-Montbéliard
F - 90010 Belfort Cedex ■ tél. +33 (0)3 84 58 31 39
■ ed-spim@univ-fcomte.fr ■ www.ed-spim.univ-fcomte.fr

Oui, je veux morebooks!

I want morebooks!

Buy your books fast and straightforward online - at one of the world's fastest growing online book stores! Environmentally sound due to Print-on-Demand technologies.

Buy your books online at
www.get-morebooks.com

Achetez vos livres en ligne, vite et bien, sur l'une des librairies en ligne les plus performantes au monde!
En protégeant nos ressources et notre environnement grâce à l'impression à la demande.

La librairie en ligne pour acheter plus vite
www.morebooks.fr

OmniScriptum Marketing DEU GmbH
Heinrich-Böcking-Str. 6-8
D - 66121 Saarbrücken

Telefax: +49 681 93 81 567-9

info@omniscriptum.de
www.omniscriptum.de

Printed by Books on Demand GmbH, Norderstedt / Germany